포르쉐를
타다,
오타니처럼

포르쉐를 타다, 오타니처럼
덕질에 빠진 이 부장 이야기

1판 1쇄 발행 2023년 11월 27일

지은이 이재익

기획편집 정선영
디자인 문성미
교정교열 박단비
본문 사진촬영 하민희
제작 세걸음

펴낸이 정선영
펴낸곳 도도서가
출판등록 2023년 1월 3일 제2023-000001호
주소 서울시 서대문구 증가로 2길 39, 203호
이메일 dodoseoga@gmail.com
인스타그램 @dodoseoga

ISBN 979-11-983121-1-2 03190

ⓒ 이재익

이 책은 저작권법에 의해 보호받는 저작물이므로 무단 전제와 복제를 금합니다.
이 책의 일부 또는 전부를 재사용하려면 반드시 저자와 도도서가의 동의를 받아야 합니다.
책값은 뒤표지에 있습니다. 잘못된 책은 구입하신 곳에서 교환해드립니다.

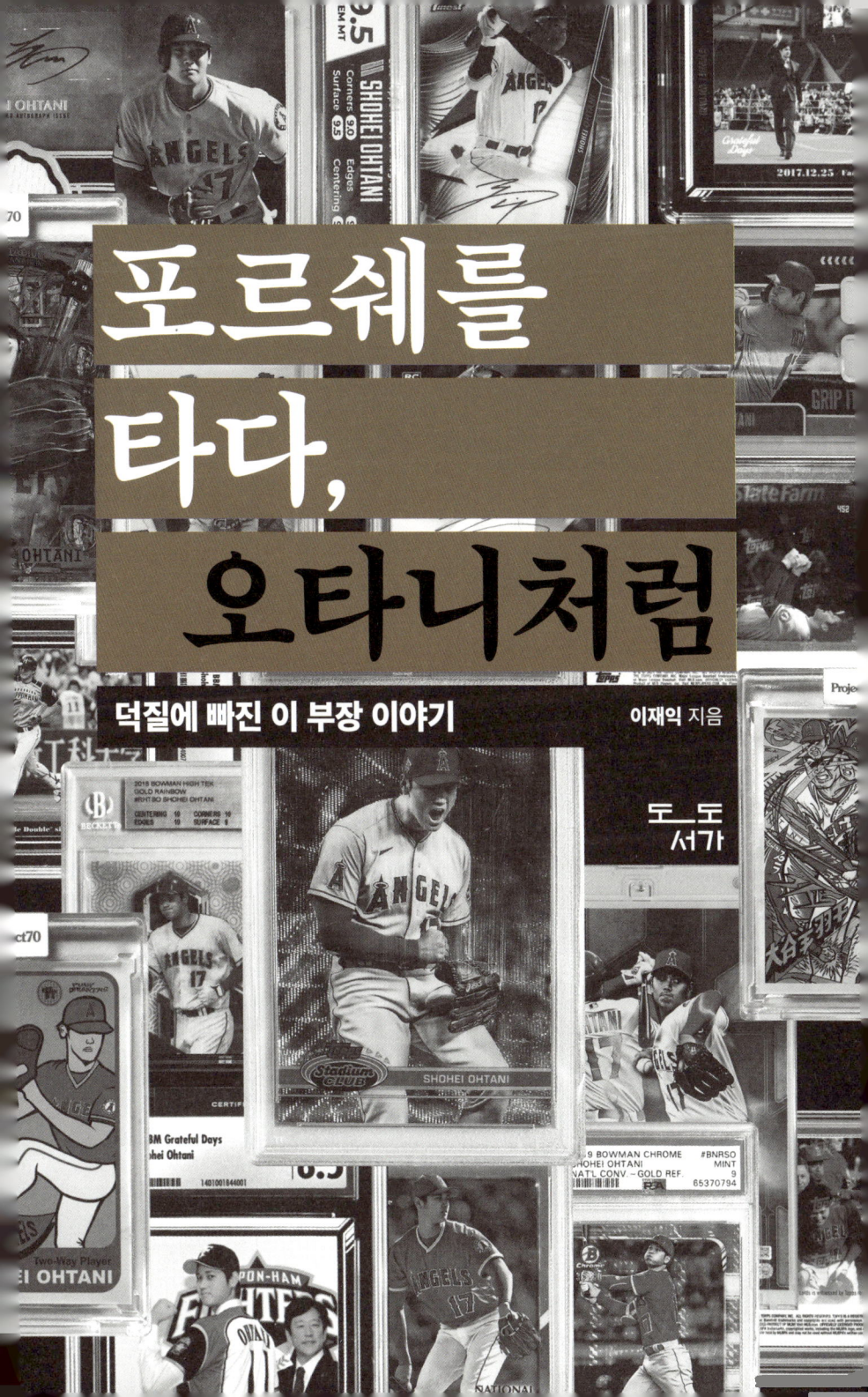

포르쉐를 타다, 오타니처럼

덕질에 빠진 이 부장 이야기

이재익 지음

도_도
서가

프롤로그

오늘도 덕후의 의식을 치른다.

늦은 밤 서재에 들어와 메이저리거 오타니 쇼헤이의 하이라이트를 본다. 우리 시간으로 오전에 치러진 메이저리그 경기를 라이브로 봤고 오후에 하이라이트 영상이 나오자마자 봤는데 또 보는 것이다. 몇 번째인지는 중요하지 않다. 잠들기 전에 오타니 영상을 보는 행위는 그를 숭배하는 의식이자 양치질 같은 습관 혹은 명상의 시간이기도 하다.

오타니는 펜스를 아득하게 넘기는 홈런을 날리고, 100마일 강속구를 뿌리고, 폭발하는 스피드로 베이스를 훔친다. 리그 최강의 타자, 최고의 투수, 공격적인 주자. 그 모든 플레이를 한 경기에서 보여준다. 오타니만큼 홈런을 치는 타자도 있고, 공을 더 잘 던지는 투수도 있고, 더 빨리 달리는 주자도 있다. 그러나 이 모든 플레이를 S급으로 해내는 선수는 지구상에 오직 한 사람, 오타니 쇼헤이뿐이다. 아주 오래전, 100년도 더 전에 딱 한 명 있었다. 야구의 고트 GOAT, the greatest of all time 라 불리는 베이브 루스.

이 책은 오타니의 위대함을 설명하기 위한 책이 아니다. 그의 성공철학을 팔아먹으려는 책도 아니다. 그런 책은 이미 있다. 이 책은 '야구에 별 흥미조차 없던 한 중년 남자가 어떻게 우리나라 유일의 오타니 팬클럽을 만들 정도로 광팬이 되었는지' 고백하는 책이다. 덕분에 내 삶은 더 풍요로워졌다.

이 책은 수집의 기록이기도 하다. 희귀한 야구 카드, 친필 사인이 담긴 사진과 유니폼, 잡지와 서적, 피규어 등등 수많은 기념품을 모으고, 포르쉐 홍보대사인 오타니가 광고하는 차(타이칸)와 그가 실제로 타는 차(카이엔)까지 사들인, 정신 나간 수집의 기록이자 자랑이다. 더불어 스포츠 카드를 중심으로 한 스포츠 물품 수집에 호기심을 가진 사람들에게 간단한 안내서 역할도 해주기를 기대한다.

어쩌면 이 책은 '구원의 기록'일지도 모르겠다. 작가이자 한 회사의 부장으로서 남들보다 더 빨리 더 많은 성취를 이뤄냈다고 자부했으나 어느 순간 길을 잃고 수렁에 빠졌던 한 남자가 오타니를 통해 구원받았던 경험담. 이제 시작한다. It's sho-time!

차례

프롤로그 004

1장 생존과 본능

안전한 길을 택해온 나	011
나를 일깨운 존재의 등장	016
내가 졌다, 오타니	025
두 번의 수술과 모두의 의심에도	031

2장 호모 콜렉투스

모으고 모으다 보니	043
두근두근 행복한 순간, 박브	047
좋아서 모았을 뿐인데 환금성까지 좋다, 스포츠 카드의 세계	052
성취감, 쾌감, 세속적인 설렘까지	062

3장 행복의 조건

당신은 열중하는 무언가가 있습니까	073
돈과 시간을 쓴 대신 건강을 얻다	079
나의 하루를 가장 기쁘게 해주는 무언가를 찾다	089
인생 전환기에 만난 버팀목	094

4장 오타니의 가르침

상쾌한 몸 상태로 경기에 나서라	103
억울함에 발목 잡히지 말 것	106
불가능한 꿈을 이루기 위한 사소한 습관	110
내가 나를 믿지 않으면 아무도 나를 믿어주지 않는다	115
99.9퍼센트의 성공과 실패	118

5장

오타니의 눈부신 순간 17

#1 까까머리 야구소년, 니혼햄에 입단하다	129
#2 기록의 사나이, 한 경기 16개 탈삼진	130
#3 일본의 베이브 루스	133
#4 에이스로 성장하다	135
#5 멱살 잡고 하드캐리-일본 시리즈 우승	135
#6 박수칠 때 떠나라	137
#7 준비된 슈퍼스타	140
#8 지금 할 수 있는 일에 최선을 다하자	141
#9 홈런타자 오타니	142
#10 타타니? 투타니가 낫지!	144
#11 오타니의 정신 나간 이틀	147
#12 오타니의 유일한 약점?	151
#13 아직 한창인 선수가 공로상을?	152
#14 제2의 베이브 루스가 아닌 오타니, 그 자체	153
#15 도쿄돔을 날려버린 홈런	156
#16 막내에서 리더로	157
#17 야구가 승리하던 순간	162

6장

오타니 팬클럽의 영광

욕 먹으면 어쩌지?	171
오타니 팬클럽을 만들다	176
성덕의 꿈은 이루어질까?	180

7장

단순한 취미 활동으로 얻을 수 없는 보상

현생이 괴롭다면 한번쯤	189
내친 김에 점쳐보는 오타니의 미래	194
우리 함께 계속 행복하기를	206

부록 1. 야구 카드 수집 Q&A　214
부록 2. 오타니 박물관의 소장품들　226

1장
생존과 본능

발간된 지 40년도 넘은 책인《이기적 유전자》가 아직도 베스트셀러 자리를 지키고 있는 걸 보면 얼떨떨해진다. 다른 분야도 아니고 과학 분야에서 말이다. 매년 새로운 연구 결과가 쏟아지는 과학계에서 과거의 이론은 수정되고 폐기되기 마련인데 우리나라 독자들의 믿음과 지지는 굳건하다.

《이기적 유전자》를 관통하는 여러 주제 중 하나는 인간을 포함한 동물의 행동은 조금이라도 생존에 유리한 쪽으로 결정되기 마련이라는 것이다. 저자의 비유를 빌자면 '유전자의 명령'이다. 가만히 생각해보면 이 학설만큼은 수십 년이 지난 지금도 여전히 유효한 것 같다.

인간과 동물을 구별 짓는 사랑의 행위조차도 그렇다. 종족 번식의 근원적 욕망에서 비롯한 남녀 간의 사랑은 말할 것도 없고, 가족을 포함해 주변

사람에게 관심을 기울이고 응원하는 넓은
의미의 애정도 자신의 생존 가능성을
0.01퍼센트라도 높이는 행동일 수 있다.
그렇다면 나의 생존과 전혀 상관없는,
만날 가능성조차 없는 누군가에게 빠져
돈과 시간을 쓰는 행동은
어떤 심리에 기인하는 것일까?
리처드 도킨스 박사에게 물어보고 싶다.
저는 왜 오타니에 빠진 걸까요?
제 유전자는 왜 그런 명령을 내렸을까요?

안전한 길을 택해온 나

아무리 생각해도 오타니에 대한 내 마음을 단번에 표현할 단어는 없다. 다양한 감정이 한데 뭉쳐졌다. 애정이라는 껍데기 안에 경외심, 응원, 우려, 대리만족 등이 들어 있다. 그러나 오타니에게 빠져들게 만든 결정적인 감정은 정확히 기억한다. 그건 '부끄러움'이다. 그 감정을 쉽게 설명하기 위해, 영화 〈기생충〉을 만든 봉준호 감독과 있었던 일을 이야기할까 한다.

나는 20대 초반에 등단하고 소설이 영화로도 만들어질 정도로 운이 좋았던 작가였다. 소설가 대부분에게 길고 긴 무명과 가난의 세월을 견뎌내야 열리는 기회의 문이, 나에게는 너무나도 일찍 열린 것이다. 그러나 나는 행운의 열쇠를 손에 넣고도 의심하고 또 의심했다. 소설과 영화라는 분야에서 성공해봤자 얻을 수 있는 결실이 그리 커 보이지 않아서였다. 아무리 소설 쓰고 시나리오 써봤자 당시 주제넘게 끌고 다니던 스

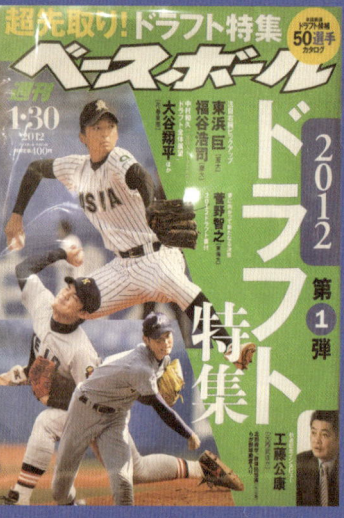

내 소장품 중 가장 오래된, 오타니의 고교 시절이 담긴 잡지들. 오타니가 고등학생이었을 때는 후지나미 신타로 선수(2023년에 뒤늦게 메이저리그로 와서 불펜 투수로 활약 중)와 함께 강속구 라이벌로 꼽혔다. 오타니가 커버 메인으로 나온 최초의 잡지로 알고 있다.

포츠카도 유지하기 힘들겠다 싶었다.

　어린 나이에 지독히도 세속적이었던 나는 결국 안전한 길을 택했다. 방송국 피디로 입사해서 안정된 지위와 소득을 누리면서 짬짬이 글을 쓰기로. 이미 그렇게 마음을 먹고 나니, 방송국 입사 시험을 치르는 동안 들려온 시나리오 공모전 당선 소식에도 뜨뜻미지근했다. 대상에는 별 감흥이 없었고 상금 수천만 원만 반가웠다.

　2001년 어느 날 시상식을 하고 간단한 뒤풀이 자리가 있었다. 심사위원장과 나란히 술을 마셨는데, 데뷔작으로 〈플란다스의 개〉라는 영화를 찍은 신인 감독이라고 했다. 옷은 때와 얼룩으로 어지러웠고, 그야말로 후의 그의 영화 〈기생충〉에서 묘사되는 '가난의 냄새'가 나는 듯했다.

　"안녕하세요? 영화감독 봉준호라고 합니다. 이재익 씨 축하해요. 시나리오 재밌게 봤어요."

　나는 건배를 하면서도 마음이 복잡했다.

　'하아…. 이 사람이 내 시나리오를 심사했단 말이야? 바꿔 말하면, 나도 계속 영화 일을 하다간 이 꼴이 될 수도 있단 말이지? 휴우. 제발 방송사 공채에 붙어야 할 텐데! 영화를 생업으로 택하지 않길 정말 잘했군!'

데뷔작을 말아먹은 더벅머리 신인 감독하고 별로 대화를 나누고 싶은 생각도 없었던 터라, 나는 건성으로 물어보았다.

"어디 바쁘게 다녀오셨나 봐요?"

봉준호 감독은 미안한 표정으로 대답했다.

"아, 땀 냄새가 많이 나죠? 차기작에 야외촬영이 많아서 촬영지 헌팅을 갔다 오는 길이라서요. 산을 막 헤맸더니 옷이 엉망이네요. 하하."

(심마니야? 왜 산을 헤매?) "차기작은 무슨 내용인데요?"

"화성 연쇄살인 사건 얘기예요."

나는 또 한숨이 나왔다.

'차기작도 망하겠구나. 21세기가 막 시작되었는데, 칙칙하게 화성 연쇄살인 사건? 범인도 잡히지 않은? 이분 어쩌려고 이러시는 거지? 차기작, 제작 못 들어간다는 쪽에 오늘 내가 받은 상금을 걸 수도 있어. 내기라도 해볼까?'

그날 밤 술자리에서 우리가 어떤 대화를 나눴는지는 기억나지 않지만, 내가 어떤 생각을 했는지는 또렷하게 기억한다. 그는 정말로 영화에 인생을 건 사람처럼 보였고, 나는 그를 보면서 영화에 인생을 걸지 않기로 한 결심을 굳혔다. 그리고 봉준호라는 이름을 이내 기억에서 지워버렸다.

며칠 지나지 않아 나는 방송사 공채 합격 소식을 들었고, 몇 달 뒤부터는 신입사원 주제에 새빨간 스포츠카를 몰고 출근하는 '시건방진' 피디가 되었다.

다시 마주칠 일 없을 줄 알았던 그의 이름을 보게 된 건 2003년 봄이었다. 아내와 극장에 갔다가 〈살인의 추억〉 상영 예정 포스터를 마주한 것이다. '감독 봉준호'라는 이름과 함께.

"어? 나 이 감독 아는데…."

혼잣말을 흐리고는 고개를 갸웃했다.

'헐. 진짜 그 얘기를 영화로 만들었네? 영화 못 만들 거라고 내기 안 하기를 잘했네.'

영화가 개봉하는 날을 기다렸다가 당일에 봤다. 영화가 채 끝나기도 전에 확신했다. '이건 내가 지금까지 본 우리나라 영화 중 최고다!' 그저 압도됐고 또 부끄러웠다.

이런 위대한 영화를 찍기까지 봉준호 감독이 감내한 가난과 무명을 비웃었던 나 자신이 한심했다. 열정도 재능도 제대로 시험해보지 않고 고작 알량한 풍요를 누리겠다고, 영화계의 초대장을 찢어발긴 나 자신이 수치스러웠다.

'잘했어. 넌 도전할 자격도 없었어.'

그 후 몇 년 동안 나는 소설도 영화 시나리오도 쓰지 못했다. 그사이 내가 꼽는 우리나라 최고의 영화도 바뀌었다. 봉준호 감독의 세 번째 영화 〈괴물〉로. 아카데미 시상식에서 4개 부문을 휩쓴 〈기생충〉도 대단하지만, 아직 나에겐 〈괴물〉이 최고다.

사람에게는 자기방어 본능이 있다. 그 본능은 물리적인 위협이나 외부의 공격에 대해서도 발동하지만, 내면의 괴로운 감정에 대해서도 발동한다. 봉준호 감독 때문에 느낀 괴로움이 너무 심해지기 전에 나는 본능적으로 내 선택을 합리화하고 넘어갔다. 변화를 시도하는 대신, 지금의 삶을 유지하는 쪽으로 말이다.

'지금 내 삶도 나쁘지 않잖아? 오히려 더 좋아!'

나를 일깨운 존재의 등장

그렇게 묻어두었던 부끄러움을 다시 일깨운 존재가 오타니 쇼헤이였다. 이번에는 부끄러움의 강도가 더욱 심했다. 나의 한계와 결함을 인정하는 데에서 그치지 않고, 자칫 자기혐오가 될 수도 있는 위험한 정도까지 번졌다. 그를 처음 봤을 때는 이렇게 될 줄 상상도 하지 못했는데, 그 과정은 긴 세월 동안 착착 진행되었다.

고등학교 시절부터 100마일 강속구를 뿌리는 소년으로 유명했던 오타니는 열아홉 살에 데뷔한 후 투수와 타자 모두 최정상급의 기량을 뽐내며 일본 최고 선수로 성장했다. 그리고 어린 나이에 일본 대표팀 '사무라이 재팬' 선발투수로 발탁되어 국제대회 '프리미어12'에 나섰다.

지금은 메이저리그 경기를 보는 일이 생활의 일부가 되었지만, 오타니에게 빠지기 전의 나는 야구와 거리가 멀었다. 야구가 소재인 소설을 쓴 적이 있어서 규칙이나 유명한 선수의 이름은 알아도, 응원하는 팀이 따로 없고 정규시즌 경기도 보지 않았다. 다만, 국제대회 중계는 축구 월드컵처럼 챙겨보곤 했는데 프리미어12 대회도 그중 하나였다.

2015년 프리미어12 대회 개막전은 우리나라와 일본의 대결이었다. 월드컵 한일전처럼 애국심을 잔뜩 장전하고 경기를 보기 시작했다. 이윽고 KBO 최고의 타자들을 상대할 일본의 선발투수가 마운드에 올라왔다.

그런데 이 녀석 아무리 봐도 고등학생처럼 앳되게 생겼다. 중계진 해설을 들어보니 일본에서 엄청난 실력을 보여줬다고 하는데, 소년만화 주인공 같은 얼굴과 훤칠한 체격이 어우러진 외모는 가장 돋보였지만, 야구를 뭐 비주얼로 하나. 나이도 겨우 스물한 살이라고 하니, 노련한 우리 타자들이 흠씬 두들겨 패주기를 기대했다.

내 기대와 달리, 순하게 생긴 그 녀석은 우리나라 최고의 타자들을 무섭게 몰아붙였다. 6이닝 동안 무려 10개의 삼진을 잡으면서 볼넷과 몸 맞는 공 하나 없는 무실점 투구를 펼쳤다. 이날 우리 선수들이 오타니를 상대로 때린 안타는 단 2개. 기록도 기록이지만 시속 160킬로미터가 넘는 공은 뭐랄까, 현실감이 없을 정도였다. 솟구쳤다가 뚝 떨어지는 완벽한 포크볼이 우리 투수들의 직구보다 더 빨랐다. 그는 양의 탈을 쓴 사자 같았다.

며칠 뒤, 준결승전에서 상대 선발로 또 맞닥뜨린 오타니는 더 잘할 수 없을 것 같던 개막전보다 더 잘했다. 말하자면 우리 대표팀 전체를 갖고 놀았다. 7이닝 동안 한 점도 내주지 않으면서 삼진 11개를 잡았다. 우리 팀이 오타니 상대로 친 안타는 딱 하나. 개막전과 합친 오타니의 성적은 13이닝 무실점 3피안타 21탈삼진. 오타니를 상대한 우리 타자들의 후일담을 들어보면 당시의 분위기를 짐작할 수 있다.

박병호는 살면서 처음 경험한 위력적인 공이라고 했고, 김현수는 오타니의 공은 그냥 못 친다며 지구 최강의 투수라고 단언했다. 선동열 당시 우리팀 코치는 한 세기에 한 명 나올까 말까 한 정말 좋은 선수라고 극찬했다.

하지만 그때 경기를 한일전 이벤트 정도로 봤던 나에게 오타니는 다시 만나기 싫은 적일 뿐이었다. 대회가 끝나자 그는 내 관심 밖으로 사라졌다.

이미 20대 초반의 나이에 일본 최고의 스포츠 스타가 된 오타니는 보장된 부와 인기에 미련을 두지 않고 메이저리그 진출 결정을 내렸다. 그 결정이 알려짐과 동시에 메이저리그 구단들이 러브콜을 보냈는데 오타니는 콧대 높은 메이저리그에 역면접을 요구했다. '내가 당신네 구단으로 가면 어떤 점이 좋은지, 나한테 얼마나 잘해줄 건지'를 설명하는 서면 프레젠테이션을 요구한 것.

건방져 보일 수도 있는 요구지만, 메이저리그 전체 30개 구단 중 27개 구단에서 총력전을 펼쳤다. 정성껏 자료를 준비한 건 기본이고 오타니의 마음을 사기 위해 특별한 노력을 아끼지 않았다. LA 다저스는 팀의 스타 선수들까지 동원해 오타니를 유혹했고 뉴욕 양키스 단장은 직접 빌딩 외벽을 타고 올라가는 쇼를 하면서 제발 우리 구단에 와달라고 호소했다. 이런 과정은 나중에 팬이 된 후에 알게 된 사실이고, 나는 이즈음 오타니의 근황은 전혀 알지 못했다.

2015년 프리미어12 준결승 하이라이트(해설 : 안경현, 이승엽).
8회 초 오타니가 내려간 후, 9회 초 우리 대표팀의 믿기 힘든 역전극이 펼쳐진다.

오랜만에 들은 오타니 소식은 메이저리그 입단식 뉴스였다. 수많은 메이저리그 구단의 구애 속에서 결국 오타니의 선택은 LA 에인절스였다는 뉴스. 포스팅 과정부터 입단식까지, 2018년 시즌이 시작되기 전부터 이미 오타니는 메이저리그의 스타였다. 우리 대표팀을 압도했던 녀석의 이런 소식이 나는 영 못마땅했다.

그런데 사실 오타니에 대한 감정이 살짝, 아주 살짝 누그러지기 시작했던 변곡점이 그때인 것 같다. '잠깐만, 쟤 이제 사무라이 재팬 아니잖아? LA 에인절스 선수잖아?'

반일 감정이 누그러지고 호기심이 부풀기 시작했다. 생글생글 웃는 녀석의 얼굴이 눈에 들어왔다. 잘생긴 얼굴은 여전했다. 서양 선수들보다 키도 크고 신체 비율도 완벽해 보였다. 일본에서부터 여성 팬들의 인기가 하늘을 찔렀다는 얘기에 고개가 끄덕여졌다. 남자인 내가 봐도 멋진데 뭐. 번역이긴 했지만, 인터뷰를 보면 말도 재치 있게 잘했다. 일본에서도 미국에서도 팀 동료와 코칭 스태프와 잘 지낸다는 뉴스도 봤다.

'인성도 괜찮아 보이는데? 모자란 게 없네?' 호기심이 호감으로 바뀌기 시작했다.

투수와 타자를 겸업한다는 사실도 그제야 비로소 내 관심

오타니의 LA 에인절스 입단식 영상. 구름처럼 모여든 미국 팬들에게 최초로 인사하는 역사적 순간.
"Hi, My name is Shohei Ohtani." (11분 41초)

을 끌기 시작했다. 일본에서 이미 투타 겸업으로 성공했다는 뉴스를 분명 들었을 텐데, 일본 선수라는 이유로 무심히 지나쳤으리라. 그런데 미국 메이저리그에서 투수와 타자 양쪽으로 뛴다는 이야기는 정말 의외였다.

내가 아는 메이저리거 이름들을 떠올려봤다. 우리 선수로는 박찬호, 김병현, 추신수. 일본 선수로는 노모 히데오, 이치로, 다르빗슈. 이어서 배리 본즈, 데릭 지터, 랜디 존슨 등등 미국 선수들도 생각났다.

그들은 모두 훌륭한 야구선수였지만 타자이거나 투수이거나 둘 중 하나였다. 타자이면서 동시에 투수였던 사람은 위인전기에서 본 베이브 루스 외에는 없었다. 베이브 루스 같은 투웨이 플레이어는 야구 기술 수준이 지금처럼 높지 않았던 100년 전에나 가능했던 게 아닐까.

'그런데 이 녀석이 투타 겸업을 시도한다고? 일본에서는 몰라도 메이저리그에선 불가능할 거야. 그게 가능했다면, 왜 그동안 아무도 안 했겠어? 실력만 좋으면 수백억, 수천억 계약을 따내는 곳에서?'

의구심을 갖고 시범경기 뉴스를 찾아보기 시작했다. 역시나. 오타니는 타자로도 투수로도 불안한 모습을 보였고 최악의 결과들이 이어졌다. 타자로서 타율은 2할이 무너지고 1할

대마저 무너져, 아무리 시범경기라고 해도 정규시즌에 투입할 수 없는 성적을 찍었다. 투수로서도 평균자책점 10점대를 훌쩍 넘기는 배팅볼 수준이었다. 언론에서는 이런 식의 평가와 비판이 쏟아졌다.

"메이저리그에서 보자면 오타니의 타격은 고등학교 수준이다."
"메이저리그는 도저히 어렵고 트리플A 리그에서 기량을 키워야 한다."
"오타니의 실력은 트리플A도 안 되는 싱글A 수준이다."

가장 많이 나온 말은 "투수 타자 양쪽 다 욕심을 내지 말고 하나만 선택하라"는 것. 나 역시 그게 맞다고 생각했다. 그리고 당연히 오타니도 둘 중 하나를 포기할 줄 알았다. 하지만 정규시즌이 시작되는 날까지 그가 어느 한쪽을 포기했다는 뉴스는 볼 수 없었다. 나는 이미 오타니에게 약간의 호감이 생겼던 터라 좀 답답했다. 당시 내 심정은 이랬다.
'얘가 우리 국가대표 타자들을 압도했던 그때 그 선수 맞아? 역시! 우리나라나 일본 리그와 메이저리그는 차원이 다르구나. 오타니라는 녀석, 고집불통에 판단력까지 떨어지네. 안

타깝다. 저러다가 적응 못 하고 도태되겠다.'

한 달 정도 되는 시범경기 기간이 다 끝나가는데도 오타니의 실력은 나아질 기미를 보이지 않았고, 그는 여전히 투수 타자 어느 쪽도 포기하지 않았다. 스포츠 기자와 팬 중에서도 실망을 넘어 비웃는 사람들이 늘어났다. 답답함을 넘어 화가 날 지경이었던 나 역시 그런 무리에 슬며시 합류해 그를 비웃기 시작했다.

당시 야구 관련 커뮤니티의 게시글이나 기사 댓글을 보면 오타니에 대한 조롱이 넘쳐흘렀다. 오타니의 투타 겸업은 영어로는 투웨이two-way, 일본에서는 이도류(二刀流, 양쪽 날을 쓰는 검)라고 하는데, 여기에 조롱을 담아 이도류가 아닌 '이도저도류'라는 말도 등장했다. 기대감은 바닥으로 떨어지고 불안과 우려는 치솟은 상황에서 정규시즌의 막이 올렸다.

2018년 3월 29일. 에인절스는 오클랜드 어슬레틱스 홈구장에서 원정 개막전을 치렀다. 오타니가 타석에 들어섰다. 메이저리그 데뷔 경기 첫 타석이었다. 투수가 첫 번째 공을 던지자마자 그는 방망이를 휘둘렀고 깔끔한 안타가 터졌다. 전설의 시작이다.

시범경기 기간 타율이 1할도 안 되던 그였다. 개막전 첫 타석에 안타를 때리긴 했지만, 의심의 눈초리는 여전했다. 나 역시 그랬다. 신나게 조롱하던 상대를 갑자기 인정하기란 어려운 법. '운이 좋았던 거야. 타자로는 운이 좋아서 안타를 쳤지만, 투수는 쉽지 않을걸?' 야구 커뮤니티에서는 이렇게 의심하고 폄훼하는 사람들이 대다수였다.

며칠 뒤, 의심과 기대와 호기심이 뒤섞인 시선들 속에서 오타니는 선발투수로서 메이저리그 첫 마운드에 올랐다. 시범경기 평균자책점이 16점에 달했던 그는 6이닝 동안 92개의 공을 던져 1볼넷 3피안타 3실점 퀄리티 스타트로 승리를 따냈다. 최고 구속은 100마일, 패스트볼 평균 구속이 98마일에 달하는 공으로 삼진 6개를 잡아낸 위력투였다.

'어…. 이게 아닌데? 왜 갑자기 잘하지?'

나처럼 당혹해하는 사람들도 있고, 일찌감치 태세를 전환하고 오타니를 추앙하는 사람들도 있었다. 어쨌든 타자와 투수 양쪽 모두 이런 실력을 유지할 수 있다면 대성공이라는 점은 분명했다.

데뷔 첫 타석에서 안타를 때린 선수가 이틀 뒤 선발투수로 승리를 따내는 모습은 메이저리그 팬들이 기대했던 바로 그 모습이었다. 그때만 해도 아무도 예측하지 못했다. 곧이어 충격과 공포의 퍼포먼스가 기다리고 있다는 사실을.

내가 졌다, 오타니

원정 경기에서 선발 첫 승을 거두고 이틀 뒤, 오타니는 처음으로 홈 개막전에 나섰다. 클리블랜드 인디언스(현 클리블랜드 가디언스)와의 경기에 8번 지명타자로 선발 출장.

에인절 스타디움은 일본에서 온 투타 겸업 스타를 보기 위해 몰려든 홈팬들로 가득 찼다. 오타니는 1회 말 주자가 2루와 3루에 나가 있는 상황에서 첫 타석에 들어섰다. 수만 명의 팬들이 두근두근 지켜보는 가운데, 그는 3점 홈런을 때려냈다. 환호 속에서 베이스를 돌며 생글생글 웃는 얼굴은 마치 홈팬들에게 다정한 인사를 건네는 듯했다.

"안녕하세요? 제가 오타니입니다."

완벽한 인사. 완벽한 첫 등장. 경기장은 열광의 도가니로 변했다.

전날의 열기가 채 가라앉지 않은 에인절 스타디움에서 열린 다음 날 경기. 오타니는 이번에도 홈런을 날렸다. 두 경기 연속 홈런이자 2점 홈런. 거기에 안타까지 엮어 멀티히트. 그게 끝이 아니었다. 다음 경기에서 또 홈런을 때렸다. 정리하자면, 메이저리그에 투타 겸업으로 데뷔한 루키 선수가 홈 데뷔 경기부터 3일 연속으로 홈런을 때린 것이다. 얼이 나가는 수

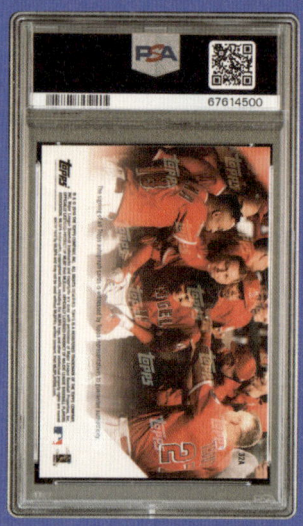

❶ ❷ 가장 아끼는 소장품 열 손가락에 드는, 메이저리그 첫 홈런 기념 카드. 99장 한정 오토(친필 사인). 마지막 낙찰 가격이 5,700불에 달한다. 뒷면이 재미있는데, 루키 선수의 첫 홈런 세레모니를 담고 있다. 홈런을 치고 덕아웃에 들어와도 다들 모른 척 등을 돌리고 있다가 루키 선수가 당황하면 그제야 등을 두드리며 신나게 축하해준다. 오타니 오른쪽의 27번 선수가 마이크 트라웃. ❸ 홈런 치고 베이스를 도는 모습을 담은 루키 카드. 종이가 아닌 플라스틱 재질인데 50장 한정 발매되어 거래가가 무척 높게 형성되어 있다.

준의 활약이었다. 시범경기 기간 동안 그에게 쏟아졌던 우려와 비난을 말끔히 씻어냈다.

선발투수 첫 승에 이어 세 경기 연속 홈런을 때려내면서, 오타니는 메이저리그에서 단순한 선수가 아닌 하나의 현상으로 받아들여지기 시작했다.

미국 현지의 분위기와 달리 당시 내 기분에 대해 말하자면, 오타니를 좋아하지 않으려고 애쓰는 중이었다. '시즌 초반에 반짝 잘할 수는 있어. 그런 선수들은 많잖아? 투수 타자 성적을 계속 수준급으로 유지한다는 건 불가능하니까 곧 추락할 거야.'

그의 실력을 부정하려는 내 노력과 별개로, 오타니는 보는 맛이 있는 선수였다. 재미있는 건 그냥 두고 볼 수 없는 성격인 나는 하이라이트 영상이 아닌 전체 경기 영상을 챙겨 보기 시작했다. 야구는 한 경기당 두 시간은 가볍게 넘고 세 시간이 넘는 경우도 흔하다. 올림픽이나 WBC 같은 국제대회가 아닌 정규시즌 경기 중계를 다 보는 건 시간 낭비라고 생각했는데, 오타니가 나오는 경기는 웬만한 영화보다 더 재미있었다.

'와, 야구가 이렇게 재밌는 스포츠였나?'

3경기 연속 홈런을 몰아친 오타니는 하루 쉬고 이튿날인

메이저리그 첫 홈런 영상. 홈 데뷔전 첫 타석이 3점 홈런이라니.

4월 8일, 오클랜드전에 선발투수로 출장했다. 첫 번째 등판에서 퀄리티 스타트로 승리를 따냈던 그는 두 번째 등판에서 더욱 놀라운 실력을 보여주었다. 7이닝 무실점 12K! 팀도 6:1로 승리하면서 시즌 2승째를 따냈다. 상대 타자들은 오타니를 상대로 단 한 개의 안타만 쳤을 뿐.

공교롭게도 메이저리그 첫 두 경기 성적이 2015년 프리미어12에서 우리 대표팀을 상대했던 두 경기 성적과 매우 흡사하다. 이닝 수도 똑같고 엄청난 수의 삼진을 잡으며 타자들을 꽁꽁 묶은 점도 같다. '우리나라 선수들이 못하는 게 아니라 오타니가 괴물이었던 건가? 메이저리거들까지 갖고 놀아?' 내가 느낀 감정은 충격과 공포였다.

메이저리그 팬과 관계자들도 3경기 연속 홈런에 이은 2경기 연속 선발승을 보며 혼란에 빠졌다. 투수 타자 양쪽에서 이렇게 압도적인 선수를, 그것도 신인을 본 게 얼마만이더라? 10년? 20년? 50년? 아무리 오래전으로 거슬러 올라가도 오타니와 비슷한 퍼포먼스는 없었다. 100년 전까지 기록을 뒤지다 보니 비슷한 선수가 등장했다. 베이브 루스.

사람들은 깨달았다. 그들이 보고 있는 앳된 선수가 100년에 한 번 나올까 말까 한 존재라는 사실을. 그리고 어렴풋이 가능성을 감지했다. 축구나 농구에 비해 비즈니스 차원에서

메이저리그 사무국에서 만든 이날 경기 하이라이트 영상. 썸네일 제목은
'현기증 나는 오타니의 두 번째 등판Ohtani's dazzling 2nd start.'

시장 성장 속도가 더딘, 정체 현상을 보이는 야구를 구원해줄 구세주가 나타난 건 아닐까?

　메이저리그 사무국은 불붙은 오타니 현상에 기름을 붓고 부채질했다. 오타니 관련 상품들이 쏟아져 나왔고 야구 카드 가격은 하늘 높은 줄 모르고 치솟기 시작했다.

　오타니의 활약은 멈추지 않았다. 당연히 이런 질문들이 오타니에게 쏟아졌다. 시범경기 기간에는 성적이 형편없었는데 정규시즌에 대활약하는 이유가 뭐냐고. 오타니는 당연하다는 듯 대답했다.
　"시범경기를 하는 이유가 이것저것 시도해보면서 부족한 점을 보완하기 위해서잖아요. 저도 몇 가지를 수정했고 결과가 좋아서 기쁩니다."
　시범경기 기간에 그를 혹평했던 스포츠 기자들이 두 손 들고 오타니에게 사과하는 트윗을 올리는 촌극이 벌어졌다. 부단히 그를 부정하려던 나 역시 인정할 수밖에 없었다.
　'내가 졌다! 오타니.'
　배배 꼬인 시선을 거두고, 있는 그대로의 오타니를 보기 시작하자 나는 부끄러워졌다. 무명의 봉준호 감독이 최고의 감독이 되는 과정을 보면서 느낀 감정과 비슷하면서도, 훨씬 더 큰 충격이었다.

역대급 재능을 알아보지 못해서 부끄러웠다. 위대한 도전을 너무 쉽게 의심하고 포기를 종용해서 부끄러웠다. 조롱하고 비웃는 무리에 합류해서 부끄러웠다. 그 부끄러움이 나를 오타니 팬으로 만들었다.

동시에 나는 야구팬이 되었다. 오타니를 제대로 알기 위해서는 야구를 제대로 알아야 했으니까. 야구, 특히 메이저리그의 역사와 전설적인 선수들을 공부하듯 찾아보았다. 야구 경기를 보는 재미도 느끼게 되었다. 소설과 영화, 음악이 가득했던 내 인생에 야구가 들어왔다. 오타니가 준 선물이었다.

오타니의 2018년 루키 시즌 성적은 다음과 같다. 타자로 22개의 홈런과 93개의 안타를 때리고 10개의 도루를 성공시켰다. 선발투수로 10경기에 출전해 4승 2패를 거두고 평균자책점은 3.31, 63개의 삼진을 잡았다. 최근 몇 년 오타니의 MVP 성적에 비할 바는 아니지만, 신인상은 받고도 남을 성적이었다.

예상대로 그는 압도적인 투표 결과로 아메리칸 리그 신인왕을 받고 시즌을 마무리했다. 메이저리거로서 완벽한 출발이었고, 앞으로 오타니에게는 꽃길만 펼쳐질 것 같았다.

이때까지도 나는 오타니에게 '지금 정도로' 빠지지 않았다. 잘하는 선수의 팬이 되는 건 쉬운 일이다. 즐기기만 하면 되니까. 내가 진짜 오타니 덕후가 된 계기는 이후에 느낀 더 큰 부끄러움 때문이다.

두 번의 수술과 모두의 의심에도

데뷔하자마자 메이저리그의 스타로 등극한 오타니는 첫 시즌을 마치고 수술을 결정했다. 야구에서는 '토미존 서저리(Tommy John surgery, 이 수술을 처음으로 받은 투수의 이름을 따왔다)'라고 부르고 의학용어로는 '팔꿈치 내측 인대 재건 수술'이라고 하는 것이었다.

일반인들은 거의 받을 일이 없지만, 야구선수들에게는 꽤 흔한 수술이다. 류현진, 김광현 같은 투수들은 물론이고 추신수나 박병호 같은 타자들도 받았다. 다만, 여전히 재활 기간이 길고 과정이 까다로워 일단 이 수술이 결정되면 시즌 아웃이다. 특히 투수는 재활 기간이 1년 넘게 걸리기에, 투수 오타니는 다음 시즌을 통째로 날려야 했다. 단 타자로서는 몇 달 정도의 재활 후에 복귀할 수 있어서 2019년 시즌부터 지명타자로만 출전하기 시작했다.

❶ 히트 포 더 사이클 기념 17장 한정 친필 사인 유니폼. 은색 잉크 사인이 두껍고 큼직하다. 직접 액자로 만들었다. 우리나라에 한 장이 더 있는 걸로 알고 있다. ❷ 49장 한정 오버사이즈 카드. 팔꿈치에 토미존 수술 흉터가 선명하다.

2019년 시즌 오타니의 성적을 보면, 총 162경기 중에서 106경기에 출전해 18개의 홈런을 때리고 OPS(출루율+장타율) 0.848을 기록했다. 보통 타자라면 준수한 타격 성적으로 봐줄 수준이지만 신인상까지 받은 오타니에 대한 기대치에는 못 미치는 성적이었다. 나도 우려와 걱정이 커지기 시작했다. 재활 기간이 완전히 끝난 뒤에도 이런 하락세가 이어지면 어떡하지?

내내 아쉽기만 했던 2019년 시즌 중 오타니는 팬들을 위로하듯 진기한 기록을 하나 만들어낸다. 탬파베이 레이스와의 경기에서 1, 2, 3루타와 홈런까지 때려내는 히트 포 더 사이클 Hit for the cycle을 만들어냈다. 메이저리그에 진출한 일본 타자 중 유일한 기록이다.

히트 포 더 사이클을 제외하면, 오타니의 2019년 시즌 성적은 신인왕의 다음 시즌치고는 아쉬웠다. 그런데 또 다른 문제가 생겼다. 타자로도 시즌을 끝까지 마무리하지 못하고 9월 초에 무릎 수술을 하게 되었다. 2년 연속으로 팔꿈치 수술과 무릎 수술. 투수로서 타자로서 모두 위기가 닥친 상황이었다.

부상이나 수술 한 번에도 성적이 추락하는 선수들이 숱하게 많은데, 두 번이나 연거푸 수술대에 오른 뒤 부활이 가능할까? 비관적인 전망이 잇따랐고 역시나 투수와 타자 두 가지를 동시에 하기는 무리라는 주장이 거세지기 시작했다. 나 역시 우려되었지만, 다음 시즌까지는 지켜보고 싶었다.

2020년, 누구도 예상 못한 불청객이 찾아왔다. 코로나 팬데믹. 세상을 멈춰버린 역병 앞에서 메이저리그라고 멀쩡할 수는 없었다. 시범경기 일정은 통째로 취소되었고 3월 말에 시작하는 정규시즌 개막도 차일피일 미뤄졌다. 결국 7월 말이 되어서야 시즌이 시작되었고 원래 162경기를 치러야 하는 시즌은 60경기 미니 시즌으로 단축되었다. 팔꿈치와 무릎 수술 후 재활이 끝난 오타니는 다시 투수와 타자 투웨이 선수로 경기에 나섰다.

결과는 최악이었다. 홈런 생산력은 어느 정도 유지되었으나 타율이 2할 이하로 떨어지고 OPS는 0.657. 투수로는 겨우 1.2이닝을 던졌는데 무려 7실점을 하고 강판당했다.

수술 후 충분한 재활 기간이 지난 다음에도 기량을 회복하지 못했다는 점이 제일 큰 문제였다. 토미존 수술을 받은 투수들의 재활 기간은 짧게는 한 시즌, 길게 봐도 한 시즌 반 정도면 충분하다고 보는데, 오타니는 거의 2년이나 지난 후 마운드에 오른 경기에서도 채 2이닝을 던지지 못하고 무려 5개의 볼넷을 내주며 강판당했다.

메이저리그 현지는 물론이고 일본에서도 오타니의 이도류

도전은 실패했으며 이제 투수와 타자 중 하나만 선택할 시점이 왔다고 단정하는 여론이 팽배했다. 데뷔 시즌 시범경기 기간에 쏟아진 비난은 약과였다. 우리나라는 더했다. 확신에 찬 비관론이 야구 관련 커뮤니티에 가득했다. '신인상을 받은 데뷔 시즌이 반짝 활약이었다' '이제 투수 타자 어느 한쪽에 집중하더라도 반등하기 힘들어 보인다' '팔꿈치도 무릎도 맛이 갔다' '일본으로 도망갈 일만 남았다' 등등.

오타니가 데뷔할 때 비판과 조롱에 동참했던 부끄러운 기억이 생생했던 나는 이번엔 비난 여론에 동참하지 않았다. 왜냐하면 이쯤 되면 오타니 본인이 다음 시즌부터는 현명한 결정을 내릴 것임을 확신했기 때문이다.

내 확신이 완전히 빗나갔다. 오타니는 팬들의 간절한 바람과 우려에도 아랑곳하지 않고 2021년 시즌에도 투수 타자 투웨이 플레이를 계속하겠다고 선언했다. 정규시즌 개막 직전 시범경기에 등판해서 겨우 3이닝을 던지는 동안 무려 홈런을 3개나 얻어맞고 볼넷을 5개 내주고 7실점을 하는 끔찍한 모습을 보여주면서 말이다.

더 이상 참을 수 없었다. 얄팍하게 쌓였다가 2년 동안 점점 얇아진 나의 팬심이 버티지 못하고 깨져버렸다. 어차피 오타니에게 들리지도 않을 푸념을 속으로 해댔다.

"아니, 이런 상황에서 계속 투웨이를 한다는 건 그냥 고집이잖아? 아니면 집착? 메이저리그는 그렇게 만만한 곳이 아니야. 인생은 실전이고 메이저리그는 매일 전쟁이야. 네가 이렇게 멍청한 놈인지 몰랐다. 재능이 아깝다. 아휴. 팀에는 대체 무슨 민폐야?" 나는 다시 의심 가득한 눈으로 오타니를 지켜보았다.

그렇게 2021년 시즌이 시작되었고, 오타니는 야구의 역사를 바꾸어버렸다.

야구 전문가들, 특히 미국 현지의 많은 전문가는 오타니의 2021년이 야구라는 스포츠에서 한 선수가 보낸 가장 위대한 시즌이라고 평가한다. 타자로서 46개의 홈런을 넘기고, 투수로서 팀의 최고 에이스로 활약하고, 주자로서 26개의 도루를 기록하는 그를 보며 내가 느낀 부끄러움은 '아카데미 시상식에서 봉준호 감독이 오스카 트로피로 할리우드의 성벽을 무너뜨리는 모습'을 지켜보며 느꼈던 부끄러움보다 훨씬 더 컸다.

나는 오타니에게 완전히 빠져버렸다. 성공할 가능성이 희박해도 정말로 하고 싶은 일을 선택하는 용기에 반했다. 안락

❶ ❷ 만장일치 MVP를 받은 오타니의 2021년 시즌을 특집으로 다룬 지역 신문.

❶

❷

❶ ❷ 오타니 친필 사인을 담은 포토 플레이트. 야구 카드처럼 보이지만 A4 크기다. 은색 잉크 사인이 있는 ❶은 10장 한정, ❷는 50장 한정 발매.

함과 적당한 성공에 안주하지 않고 더 높이 날아오르는 도전 정신에 반했다. 거듭되는 실패와 사람들의 비웃음에도 굴하지 않고 묵묵히 재기를 준비하는 평정심에 반했다. 불굴의 의지, 수도승 같은 절제, 이 모든 것을 갖췄음에도 자신을 낮추는 겸손함에 반했다.

스포츠에서 기록을 깨뜨리는 일에 우리는 왜 그렇게 열광할까? 인간의 한계에 대한 도전이기 때문이다. 그것은 스포츠의 본질이기도 하다. 우사인 볼트, 리오넬 메시, 마이클 조던 같은 선수들이 전설이 된 이유도 그들이 성공해낸 도전 때문이다. 오타니도 전설이 되어가는 여정 한복판에 있다. 다들 불가능하다고 단언했던 투웨이 플레이에 매일 도전하면서, 그는 스포츠의 존재 이유를 온몸으로 보여주고 있다.

오타니의 여정이 끝날 때까지 그를 응원하기로 마음먹었다. 응원만 하지 않고 그를 연구하고, 기록하고, 그와 관련한 물건들을 수집하기로 마음먹었다. 내 생일이었던 2021년 6월 26일, 오타니가 생일을 축하해주듯 쏘아 올린 홈런을 보면서 한 결심이다.

영상 시작 1분 뒤, 오타니는 돔구장 천장을 깨부술 듯 엄청난 홈런을 때려낸다. 아직 6월이 지나가지도 않았는데 24번째 홈런이었다.

2장
호모 콜렉투스

세상에 하나밖에 없는 카드를 쥐어본다.
멋진 예술품이자 진귀한 보물.
이건 내 거야. 영화〈반지의 제왕〉속 골룸의
추한 모습이 떠오른다. 그를 통해 우리는
배웠다. 소유욕이란 위험한 욕망이라고.
정말 그럴까? 이렇게 좋은데?
아주 작은 것이라 할지라도, 나는 오타니의
무엇인가를 갖고 있다!

모으고 모으다 보니

인간의 진화 단계에서 다양한 종류의 인간이 나타났다가 사라졌다. 동물과 다른 이런 인간만의 특성에 초점을 맞춰 라틴어 학명이 붙여졌다. 직립보행을 한다는 뜻의 호모 에렉투스Homo erectus, 생각하는 인간이라는 뜻의 호모 사피엔스Homo sapiens 등등.

인간이 다른 동물과 다른 점으로 수집하는 행위를 꼽을 수도 있다. 박물관은 이런 특성을 집약해서 보여주는 공간일 테고. 돌, 책, 시계, 화폐, 운동화 등등 온갖 물건을 취미로 수집하는 사람들이 많다. 동호회 카페들도 활발하다. 거창한 수집가가 아니더라도 실생활에 필요 없는 물건을 버리지 않고 모아놓는 사람들도 종종 있다. 호모 콜렉투스라고 명명하면 될까? 모은다는 뜻을 가진 라틴어가 뭔지 모르니 대충 영어로.

여담인데, 지금은 우리나라 대표 패션 기업이 된 무신사의 시작도 수집 커뮤니티였다. 어릴 때부터 운동화 수집이 취미

소장 중인 1/1 카드들. 딱 한 장만 발매되었다는 뜻으로 스포츠 카드 수집가들 사이에서 마피(마스터피스의 준말)로 불린다.

특히 가운데 카드는 명예의 전당 헌액이 확실한 메이저리거 3명이 실제 입었던 유니폼 조각을 모아놓았다. 등급 안 받은 카드를 구한 뒤 대행업체를 통해 등급을 보냈는데 10점 만점으로 돌아와 공중제비를 돌던 기억이 생생하다. 라벨에 있는 'RUBY'라는 표현처럼(카드 브랜드마다 색깔별로 발행량이 다른데 이 브랜드의 경우 1/1은 루비색이다) 실제 루비만큼 비쌀 수도 있다. 보는 맛은 물론 손에 쥐는 맛이 아주 그만이다.

인 조만호 대표가 고등학교 3학년 때 '무진장 신발 사진 많은 곳'이라는 이름의 커뮤니티를 만들었는데, 그 커뮤니티가 커져서 지금의 무신사가 되었다는 이야기는 꽤 유명하다.

  내가 유일하게 수집한 물건은 가수들의 앨범이다. 초등학교부터 LP를 사 모으다가 CD로 넘어갔다. 지금까지 모은 앨범이 LP 수백 장, CD 수천 장이다 보니, 보관할 장소가 마땅치 않아 부모님 집에 쌓아두었다. 라디오 피디가 되고 음악 듣는 일이 직업이 되자, 수집 욕구가 시들해져서 앨범을 더 이상 모으지 않는다.

  그전에도 뒤로도 딱히 뭔가를 모은 적은 없다. 원래 그런 성격은 아니었다. 20대 때부터 소설을 썼던 터라 30권 넘는 책을 냈는데, 내가 쓴 책들조차 다 모아놓지 않았다. 책 욕심도 없어서 다 읽은 책은 바로바로 누구를 주거나 버리는 편. 그러다가 뒤늦게 오타니 수집을 시작한 것이다.

  모든 수집가의 처음이 그러하듯, 나도 이렇게까지 방대한 컬렉션이 될 줄은 몰랐다. 그저 '오타니가 직접 사인한 야구 카드 한 장'만 갖고 싶었을 뿐이었다. 야구 카드에 대한 지식이라고는 주식처럼 카드를 사고파는 시장이 형성되어 있다는 정도가 고작이었던 나는 무척이나 세속적인 평소 성향답게 오타니 야구 카드 중에 제일 비싼 카드가 무엇인지부터 검색해보았다.

검색 결과, 제목부터 나를 놀라게 하기 충분했다. 아직 오타니의 야구 카드가 본격적으로 상승세를 타기 전인데도 최고가 카드들의 가격은 우리 돈으로 억대가 넘었다. 따지고 보면 명함 크기의 종이에 불과한 야구 카드가 15만 달러에 경매 낙찰되었다고?

그때는 너무 비싸다고 생각했지만, 지금은 생각이 달라졌다. 만약 소유주가 이 카드를 같은 가격에 내놓는다면 내가 당장 사겠다! 장담하는데, 오타니의 위상이 차원이 달라진 요즘 이 카드를 경매에 내놓으면 10억은 쉽게 받을 것이다. 이미 이 카드보다 더 가치가 낮은 오타니 카드도 수억에 거래된 적이 있고, 다른 선수들 경우에도 수십억 원에 낙찰된 스포츠 카드가 여럿 있다.

스포츠 카드 말고도 포켓몬, 스타워즈, 마블 영화처럼 충성도 높은 팬들이 많은 콘텐츠와 관련한 카드도 판매되고 거래된다. 포켓몬 카드 중 하나는 올 2023년 525만 달러(약 70억 원)에 낙찰되기도 했다. 혹시 어릴 때 갖고 놀다가 서랍에 처박아놓은 트레이딩 카드가 있다면 가격이나 확인해보기를.

두근두근 행복한 순간, 박브

　오타니 카드 가격이 막 오르기 시작하던 2021년 어느 봄날, 일단 초보자인 내가 살 만한 카드를 알아보기 위해 스포츠 카드 동호회 카페에 가입해 이것저것 물어가면서 공부를 시작했다. 그렇게 스포츠 카드 수집에 입문한 것이다.

　정식 이름은 스포츠 트레이딩 카드sports trading card, 줄여서 스포츠 카드라고 한다. 보통 미국에서 야구, 축구, 농구, 배구, NFL, 격투기 등등 많은 종목의 카드가 만들어지고 우리나라에서도 야구, 배구, 농구 리그 선수들의 카드가 나오는데, 내가 잘 아는 메이저리그 야구 카드에 한정해 이야기해볼까 한다.

　스포츠 카드를 발행하는 회사는 그리 많지 않다. 파니니PANINI, 탑스TOPPS, 어퍼덱UPPERDECK, 리프LEAF 등등 손에 꼽을 정도. 다만, 메이저리그 야구 카드는 꽤 오래전부터 TOPPS라는 회사에서 독점적으로 사업권을 확보했기 때문에 TOPPS가 대세다. 다른 카드 회사에서도 야구 카드가 나오는데 사업권이 없어서 팀 이름이나 로고를 지운 불완전한 사진을 쓴다. 당연히 TOPPS 카드에 비해 감흥이 떨어진다.

　바우만BOWMAN이라는 카드 제작사에서도 로고가 찍힌 야구 카드를 꾸준히 내놓는데 이미 오래전(1956년)에 TOPPS에 인수

되었기 때문에 가능한 일이다. 즉, 요약하면 현재 메이저리그와 공식적으로 제휴하고 야구 카드를 만드는 회사는 TOPPS와 BOWMAN, 두 개뿐이다. 물론 생산량은 TOPPS가 압도적으로 많다.

카드 회사에서는 다양한 종류의 박스를 통해 카드를 판다. TOPPS CHROME, BOWMAN CHROME, STADIUM CLUB, FIRE, TRIPLE THREADS 등등이 박스 제품 이름이다. 그 종류만 수십 개에 이른다. 이런 박스를 뜯어보는 행위를 박브(박스 브레이크)라고 하는데, 나 같은 카드쟁이들에게는 너무나도 두근두근 행복한 순간이다.

박브 결과가 만족스러웠던 적은 별로 없지만(이를테면 오타니 오토가 들어 있다던가!), 박브만의 쫄깃한 맛이 있어 끊기가 힘들다. 1년에 딱 두 번만 하자고 내 자신과 약속했다.

개인이 박브로 얻은 카드를 낱개로 파는 경우도 많은데, 이런 카드를 싱글 카드라고 부른다. 등급을 받지 않은 로카드 Raw card 상태로 팔기도 하고, 등급까지 받은 후에 팔기도 한다. 등급 결과가 좋은 경우 당연히 로카드보다 비싼 가격을 받는다. 카드 거래가 가장 활발하게 이루어지는 곳은 이베이. 국내 수집가들도 활발하게 카드를 거래하지만, 이베이의 규모와는 비교가 안 된다.

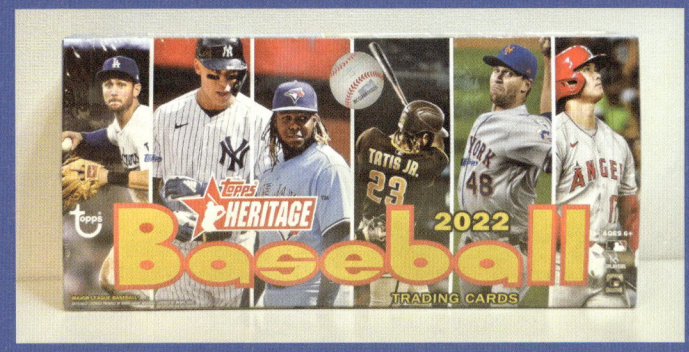

❶ 2022년 시즌에 나온 헤리티지(HERITAGE) 박스. 오토(친필 사인) 카드 혹은 렐릭(Relic) 카드 중 하나가 들어 있다. 보통 오토 카드가 더 낫다. 렐릭 카드는 패치 카드라고도 부르는데, 선수가 실제로 사용한 유니폼이나 공, 배트 등등 야구용품의 조각이 카드에 들어 있다. ❷ 박스마다 들어 있는 카드 개수가 다른데, 'CLEARLY AUTHENTIC'처럼 딱 1장만 들어 있는 박스도 있다. 오토나 렐릭이 없는 평카드들은 슈퍼스타의 루키 시즌인 경우를 제외하면 별 가치가 없다. 위에 올려놓은 큼직한 오타니 카드는 서비스처럼 1장씩 들어 있는 박스 로더(BOX LOADER) 혹은 박스 타퍼(BOX TOPPER)인데 운 좋게 오타니가 걸렸다. 딱히 희귀하거나 비싼 아이템은 아니다. ❸ 박스에서 건진 애런 저지 유니폼 패치카드. 카드 상태가 좋아 등급을 보내보았다. 등급 회사도 여러 곳이 있는데, 이 카드는 CSG라는 회사에 보냈고 두어 달 뒤 옷(케이스)을 입고 돌아왔다. 등급 케이스에 박스 종류를 비롯해 카드의 정확한 명칭이 기재된다. 라벨의 바코드나 뒷면에 있는 QR 코드를 찍으면 카드 사진과 상세한 등급 내용이 나온다. 등급 업체 대부분이 이런 데이터베이스 서비스를 제공하고 있다. 등급 업체에 대해서는 뒤에 간단히 설명하겠다.

몇만 원짜리부터 비싼 경우 천만 원이 넘는 박스도 있는데, 때문에 '박브는 경제성이 떨어진다'고 하는 수집가들이 많다. 내 생각도 그렇다. 원하는 싱글 카드만 골라 모으는 방법이 훨씬 낫다. 나 역시 가끔 박브를 하지만 재미 삼아 하는 거고, 소장 카드 대부분은 이베이를 통해 구한 싱글 카드다.

카드 회사에서 애초에 박스가 아닌 싱글카드를 팔기도 한다. 대표적인 제품이 TOPPS NOW. 이름에서 알 수 있듯, 스포츠 경기에서 멋진 플레이나 의미 있는 기록이 나오면 바로 그 장면을 담아 24시간 안에 낱개로 발매하는 카드다. TOPPS 홈페이지에서 구매할 수 있다.

실제 경기 장면과 기록을 그대로 카드에 담기 때문에 또 다른 의미를 지니는 TOPPS NOW는 가끔 랜덤으로 한정 카드를 넣어줌으로써 구매욕을 부추긴다. 공식적으로는 패럴렐Parallel 카드라고 부르고 인서트 카드라고 부르기도 하는데, 한정 발매 숫자에 따라 색깔이 다르다.

내가 꼽는 오타니 최고의 순간 TOP10에 들어갈 명장면이다. 도루에 성공했는데 타자의 수비 방해로 도루가 취소되자, 바로 또 도루를 감행한다. 오타니는 〈슬램덩크〉를 자신의 인생만화로 꼽는데, 자신이 가장 좋아하는 캐릭터 윤대협(일본명: 센도 아키라)이 '하얗게 불태웠던' 장면을 똑같이 재현했다. 어떻게 이렇게 똑같은 장면을 연출했는지 지금도 의문.
나는 이 하이라이트 영상을 수십 번 돌려봤다. 지금 또 봤다. 또 좋다.

2021 TOPPS NOW PURPLE

SHOHEI OHTANI #452

POPULATION	POP W/ QUAL	POP HIGHER
2	0	0

❶ ❷ PSA라는 등급 업체에서 깔끔하게 만점을 받고 돌아온 25장 한정 페럴렐 카드. 오른쪽 사진은 바코드를 찍으면 나오는 정보인데 'POPULATION'은 같은 등급을 받은 카드의 숫자, 'POP HIGHER'는 더 높은 등급을 받은 카드의 숫자를 의미한다. 10점 만점을 받으면 당연히 POP HIGHER는 0. 이 카드의 경우 POP 수가 2장이므로 PSA에서 만점 받은 퍼플 카드가 내 카드 포함 2장 있다는 뜻. ❸ 보통 스포츠 카드 뒷면에는 선수 프로필이나 설명이 들어가는데, TOPPS NOW는 당시 상황이나 기록의 의미가 들어간다. 가끔 이 카드처럼 사진을 넣기도 한다. 이날, 오타니는 홈런을 2개 때리고, 동점 상황 9회 말에 1루 주자로 나가 2루를 훔치고, 끝내기 안타에 미친 듯이 홈으로 달려 들어와 역전으로 경기를 끝냈다.

좋아서 모았을 뿐인데 환금성까지 좋다, 스포츠 카드의 세계

카드의 등급은 어떻게 매겨질까? 보통 4개의 기준으로 점수를 매긴다.

- CENTERING : 한쪽으로 몰리지 않고 중심을 지켜 정확하게 인쇄되었는지
- CORNERS : 모서리 손상 정도
- EDGE : 테두리가 얼마나 깨끗하게 절단되었는지
- SURFACE : 앞뒷면 표면 상태

등급 업체로 카드를 보내면 그레이더Grader라고 불리는 직원들이 확대경으로 카드를 살피면서 점수를 매긴다. 사람이 하는 일이라 이해 안 가는 등급이 나오기도 하는데, 이의가 있다면 재신청을 하거나 업체를 바꿔 등급을 보낼 수도 있다.

등급 비용은 업체마다 또 시즌마다 다른데 일반 카드는 장당 2~3만 원 정도. 오토(친필 사인)카드나 렐릭 카드 혹은 일반 카드라도 시장 가격이 고가에 형성된 카드들은 등급 비용도 비싸진다. 짧게는 두어 달, 길면 1년씩도 걸리는데(그래서 수집

가들은 유학 보낸다는 표현을 쓴다) 추가 비용을 내면 등급 기간을 단축할 수도 있다.

개인이 직접 등급을 보낼 수도 있지만, 나를 포함한 대부분 수집가는 대행업체를 이용한다. 다른 수집가들의 카드들과 함께 모아 등급을 보내므로 가격 면에서도 더 유리하고 대행업체에서 카드 표면을 닦아주기도 한다. 딱 한 번, 직접 등급을 보내봤는데 결과가 별로였다. 세수 안 하고 소개팅에 나간 식이었을까.

등급 업체는 대여섯 곳이 유명한데, 요즘 수집가들이 제일 선호하는 곳은 PSA Professional Sports Authenticator다. 1991년부터 서비스를 시작해 4천만 장이 넘는 카드와 기타 수집품의 등급을 매겼다. 붉은색 테두리의 라벨이 특징이며 10점 젬민트gem mint가 만점이다. 일반인들이 봐서는 10점과 9점 카드의 차이가 잘 안 보이지만, 시장에서 10점과 9점의 차이는 10퍼센트가 아니라 2배 이상일 때도 있다. 다른 등급 업체를 이용해야 할 특별한 이유가 없다면 PSA에 보내는 것이 무난하다.

PSA를 비롯한 등급 업체들은 오토 카드의 경우 일정 금액을 추가하면 오토만 별도로 점수를 표시해준다. 오토 등급이 따로 없다고 해도 가격에 큰 영향을 미치지는 않지만, 반대로 오토 등급을 따로 신청했다가 낮은 등급이 나오면 가격이 깎일 수 있다. 그러므로 오토가 선명하게 잘 들어갔다는 확신이 있는 경우에만 오토 등급을 따로 신청할 것.

PSA 다음으로는 BGS(Beckett Grading Service)가 있다. 한때 PSA와 양대 산맥 라이벌 구도를 형성했는데 지금은 선호도에서 밀린다. BGS는 등급 체계가 PSA와 조금 다른데, 젬민트 등급이 10점이 아니라 9.5점이고 10점 만점은 프리스틴으로 분류한다. 시장에서는 BGS 10점(프리스틴) > PSA 10점(젬민트) > BGS 9.5점(젬민트) 순서로 인정해주는 편이다.

BGS는 등급 케이스는 종이가 아닌 금속판으로 라벨을 만들어주고, 4개의 세부 항목 점수도 각각 표시해준다. 게다가 케이스도 PSA보다 두툼하고 견고해 BGS가 PSA보다 더 고급스러워 보인다고 하는 수집가들도 있다. 나는 보는 맛을 중요하게 생각하는 편이라 금색이나 갈색 계열의 카드는 종종 BGS로 등급을 보낸다.

PSA와 BGS에 이어 3등 업체를 꼽으라면 SGC가 아닐까. 10점이 젬민트, 9.5점은 민트플러스, 9점은 민트 등으로 등급을 매긴다. 등급 케이스가 투명하지 않고 검은색인 점이 특이

하다. 외국 수집가들은 턱시도라고 부르는 이 케이스는 실제로 보면 무척 크고 고급스럽다.

HGA라는 등급 업체도 있다. 시장에서는 위 업체들만큼 인정을 못 받지만, 개인적으로 무척 좋아한다. 등급 업체의 생명이라고 할 수 있는 신뢰도 면에서 다른 업체들보다 떨어지는 만큼, 같은 카드 같은 등급일 경우 가격도 싸게 형성된다. 그럼에도 불구하고 내가 좋아하는 이유는, 예뻐서. 등급 케이스의 라벨을 카드 색깔과 어울리게 맞춰주기 때문에 미학적으로 뛰어나다.

마지막으로 소개할 업체는 CSG. 이 업체는 동전, 지폐, 만화, 우표 등등 다른 수집품 인증 업체로 유명했는데 포켓몬 카드 등급 서비스에 이어 최근 스포츠 카드 인증 분야로 영역을 확장했다.

아직 다른 업체만큼의 인지도는 없지만 국내 카드 수집가들에게는 매우 유리한 조건이 있다. 화폐나 주화 수집가들에게 유명한 풍산화동양행이라는 국내 기업에서 등급 서비스 대행을 해준다. 덕분에 장당 1만 원대의 파격적인 가격이 가능하며 등급에 걸리는 시간도 가장 짧다.

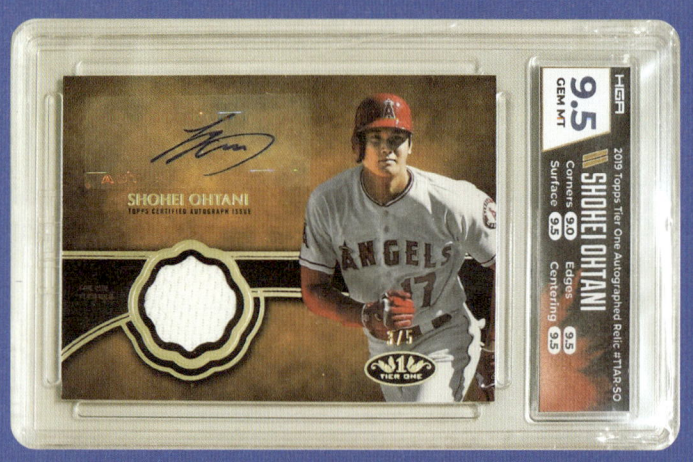

HGA 등급 카드. 친필 사인과 유니폼 패치가 함께 들어 있는 5장 한정이다.

다시 개인적인 이야기로 돌아오자면, 동호회 카페에 가입해 이런저런 공부를 한 뒤에 처음으로 오타니 카드를 샀다. 기본이라고 할 수 있는 바우만 루키BOWMAN RC 카드. 루키 시즌에 발행된 카드에는 RC 마크가 찍힌다. 희소성이 생기므로 다른 시즌에 발행된 카드보다 가격이 높다.

그리고 며칠 안 있어서 대망의 오토(친필 사인) 카드를 구할 기회가 왔다. 아직 이베이를 접하기 전이라, 동호회 카페만 들락거리고 있었는데 한 회원이 오타니 오토 카드 판매글을 올려놓았다.

가격은 50만 원. 요즘 시세로 보면 헐값이지만, 폭등 직전이었던 당시에는 너무 비싸게 느껴졌다. '그래봤자 명함 크기의 종이 쪼가리인데, 50만 원을 주고 산다고?'

하지만 오타니가 직접 사인을 했다는 사실이 중요했다.

'흠, 그의 손길이 직접 닿은 카드란 말이지!'

물건의 가치는 실제 구성요소보다는 의미와 평가에 좌우된다는 사실도 상기했다.

'그래봤자 물감만 발라놓은 천 쪼가리를 수천억에 사는 사람들도 있어.'

고심 끝에 판매자에게 문자를 남겼다.

"안녕하세요? ○○○카페 회원 ×××입니다. 오타니 오토 카드 아직 남아 있을까요?"

막상 결심하고 나니 혹시 고민하는 사이에 다른 구매자가 사버렸을까 봐 조바심이 났다. 다행히 아직 카드는 남아 있었다. 나는 바로 송금하고 며칠 뒤 우편으로 카드를 받았다. 그렇게 첫 오토 카드가 내 손에 들어왔다.

처음에는 오타니의 친필 사인이 있는 카드 딱 한 장만 구하고 그만두려 했다. 하지만 호기심이 문제였다. '대체 스포츠 카드의 세계가 뭐길래, 이 많은 사람이 수집에 열을 올릴까?'

목적을 달성한 뒤에도 나는 카페를 떠나지 못하고 매일 카드 구경을 하고 게시물을 읽었다. 위에 설명한 내용을 찬찬히 배워가는 재미가 쏠쏠했다. 카드의 세계란 이런 거구나!

더하여 간간이 값비싼 카드들이 낙찰가를 갱신했다는 뉴스를 볼 때면, 나도 저런 카드 하나쯤 갖고 있으면 뿌듯하겠다는 생각도 들었다. 예전에 그림 수집에 잠깐 흥미를 느껴 몇 점 사 모으다가 집에 걸어놓을 데가 없어서 그만둔 적이 있다. 그런데 스포츠 카드는 크기가 작아 보관 공간의 제약도 없을뿐더러 그림보다 거래도 활발하고 환금성도 좋았다.

'하나만 더 사볼까? 타자 버전이 있으니 투수 버전 하나만 더 사자! 진짜 딱 하나만 더! 오타니는 이도류니까 사인 카드

오타니 수집의 신호탄이 된 첫 번째 오토 카드. 구입 후 BGS로 등급을 보내 민트 등급을 받았다. 다른 등급 회사들은 스캔 이미지를 제공하는데 BGS는 그런 서비스가 따로 없다. 의외로 무척 희귀한 카드여서 민트 등급 이상 POP 수가 내 카드 포함 4장뿐.

❶ 이렇게 투타 버전을 나란히 모으는 건 오직 오타니 카드를 모을 때만 느낄 수 있는 재미. 이 베이는 비딩 내역이 투명하게 공개되는데 왼쪽 카드는 2023년 7월 9일 우리 돈 620만 원에 낙찰되었다. ❷ 뱀 껍질 같은 느낌으로 빛나는 카드를 프리즘 리프랙터(prism refractor)라고 부른다. 왼쪽은 바우만 크롬 루키, 오른쪽은 같은 바우만 크롬 50장 한정 골드 리플.

도 투수 타자 하나씩 있어야지!'

간이 커졌다. 처음 산 오토 카드의 발매 연도가 2020년이었는데, 이번에는 가격대가 훨씬 높은 루키 시즌 오토 카드로 목표를 정했다. 지금도 그렇지만 그때 당시에도 오타니의 루키 오토는 국내 카페에 매물로 많이 나오지 않았다. 판매 게시판에 올라와 있는 매물 중에는 마음에 드는 카드가 없어 이베이의 세계로 넘어갔다. 그러지 말았어야 할까?

이베이…. 그곳은 천국이었다.

눈이 번쩍 뜨이는 카드들이 새로운 주인을 찾고, 전 세계 수집가들이 치열한 쟁탈전을 벌이고 있었다. 한눈에 내 마음을 사로잡은 매물이 있었다. 2018년 루키 시즌 99장 한정 오토! 앞서 구매했던 카드와 같은 '파이니스트' 박스라는 점도 마음에 들었다. 게다가 빛을 받으면 무지개색으로 반사하는 리프랙터(refractor, 수집가들은 줄여서 '리플'로 부른다) 카드였다. 첫 번째 오토 카드보다 몇 배 더 비싼 가격으로 낙찰받아 투타 이도류 조합을 완성시켰다.

성취감, 쾌감, 세속적인 설렘까지

원하는 카드를 구할 때의 만족감은 대단하다. 구하기 어려운 카드일수록 해냈다는 성취감도 커진다. 멋진 디자인을 보며 심미적 쾌감도 느낄 수 있다. 게다가 스포츠 카드는 130억 달러가 넘는 시장이 형성되어 있어 잘 고르기만 하면 자산가치까지 있다. 내 카드 가격이 훗날 얼마까지 올라갈지 상상하면서 세속적인 설렘을 즐기기도 한다.

하지만 가지면 가질수록, 모으면 모을수록, 욕구가 더 커진다. 소유욕과 수집욕의 공통점이다. 그 욕구를 인정하기로 했다. 대신 수집에 쏠 돈의 한도를 정했다. 보통 수집가들은 취향에 따라 특별히 선호하는 종류가 있는데 나는 그렇지 않았다. 오토 카드, 루키 카드, 패치 카드, 로카드, 등급 카드, 한정 카드 등등 가리지 않았다. 수집의 영역은 카드를 넘어 다양한 아이템으로 확장되었다. 야구공은 필수 아이템. 각종 기념구는 기본이고, 오타니가 실제 경기에서 던진 공, 때린 공, 친필 사인을 한 공도 구했다.

2021년, 나는 오타니에 미쳐 있었다. 가뜩이나 불붙은 수집의 재미에 기름을 부은 건 오타니의 활약이었다. 봄바람과

오타니 사인볼(위)과 던진 공(아래 왼쪽), 때린 공(아래 오른쪽). 모두 진품을 보증하는 메이저리그 사무국 인증 홀로그램이 붙어 있다.

함께 홈런을 뻥뻥 때리고 100마일 강속구를 뿌려대던 오타니는 여름이 되자 불타오르다 못해 폭발했다. 전반기에 30개 넘는 홈런을 때려 메이저리그 전체 홈런 1위가 되었고 투수로서도 팀의 굳건한 에이스로 자리 잡았다. 실제 경기 중에 사용된 공을 수집할 때도 일부러 2021년 여름에 썼던 공을 골랐다.

요즘도 가끔 오타니가 던졌던 공을 잡아본다. 사람의 인연은 붉은 실로 연결되어 있다고 했던가? 야구공의 붉은 실밥을 손가락으로 감는 순간, 오타니에 빙의되는 착각에 빠진다. 2021년 어느 여름날 경기장의 열기가 내 몸에 스민다. 해설자의 삼진콜도 들리는 것 같다. "Shohei Ohtani! Got him! 13 Strikes outs tonight."

전반기가 끝나고 열리는 올스타 경기. 오타니는 100년이 훨씬 넘는 메이저리그 역사상 최초로 선발투수와 타자 양쪽에서 올스타로 뽑혔다. 세계 야구팬들의 축제와도 같은 올스타전에서 그는 단독 주연이었다. 이벤트 기간 내내 그에게 붙은 수식어는 이런 식이었다. 눈부시다. 충격적이다. 메이저리그 역사상 최고의 시즌. 베이브 루스의 재림.

의심을 걷어내고, 부끄러움을 인정하고, 누구보다 더 열정적으로 오타니의 팬이 된 과정은 종교에 빠지는 과정과도 흡

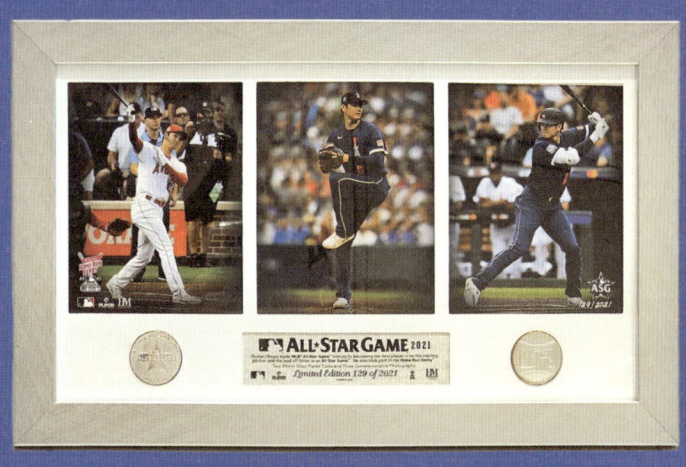

올스타 경기 기념 액자. 한정 제작이며 기념주화도 들어 있다. 왼쪽 사진부터 홈런 더비 이벤트, 선발등판, 타석에 선 모습. 사진 속 푸른색 유니폼은 경매에 부쳐졌는데 1억 넘는 가격에 낙찰되었다. 나 아님. 세상은 넓고 수집가도 많고 부자들도 많고 부자 수집가도 많다.

사했다. 응원과 동경을 넘어 숭배하는 마음도 분명히 있는데, 그것은 신자들이 신을 대하는 태도와 일정 부분 닮은 것 같다. 또 아이돌 가수나 배우를 대상으로 하는 덕질과도 비슷하다. 그래서인지 투자의 개념으로는 살 이유가 별로 없는 연예인 굿즈 같은 것들도 잔뜩 모았다. 에인절 스타디움에서 나눠준 대형쿠션부터 커스텀 피규어, 오타니 얼굴 셔츠 등등.

    이 외에도 각종 잡지와 신문, 포스터, 사진, 실제 경기 티켓, 여러 종류의 유니폼 등등을 모았다. 그리고 며칠 동안 진열장을 꾸미고 '오타니 박물관'이라는 이름을 붙였다. 다른 야구선수 카드도 조금 있지만, 수집품 대부분은 오타니가 주인공이다.

    디트로이트 타이거스의 내야수 잭 쇼트 Zack Short라는 선수의 오토 카드도 우리 박물관에 있다. 메이저리그 열성 팬조차도 잘 모를 선수의 오토 카드를 왜 샀을까? 오타니가 뒷모습으로 출연했기 때문이다! 루상에 있던 오타니가 다음 타자가 친 땅볼로 아웃되는 장면(잭 쇼트의 관점으로는 수비를 하다가 주자 오타니를 아웃시키는 장면)으로 추측된다.

    오타니 팬들조차 살 일이 없는 카드지만, 오타니 덕후인 나에게는 소중한 카드다. 이 카드를 등급까지 받아 소장한 사

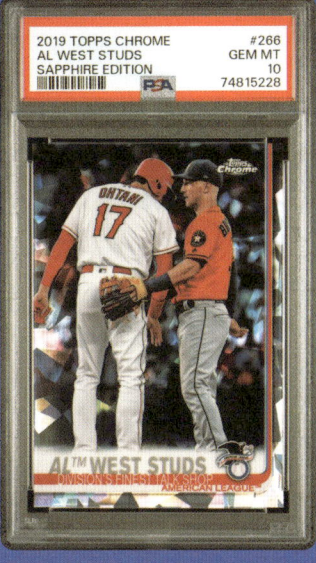
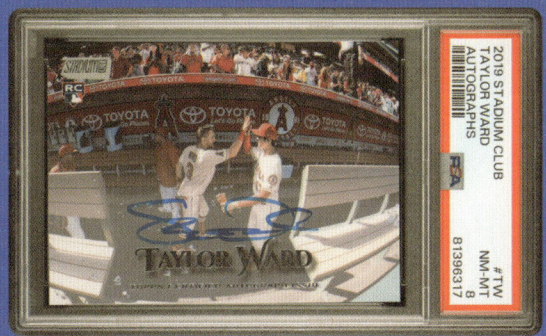

오타니가 조연으로 등장한 다른 선수들의 카드.

람은 잭 쇼트 선수 가족과 나밖엔 없을지도.

    그렇게 나는 오타니 박물관을 만들었다. 그리고 수집과 덕질이 섞인 마음으로 포르쉐 두 대를 구매하는데 그 이야기는 잠시 후에.

❶

❷

❸

❶ 오타니 MVP 기념 퍼즐과 버블헤드라고 불리는 머리를 툭 치면 까닥거리는 피규어, 스노우 볼. 작게 보이는 니혼햄 파이터즈 시절 오타니 유니폼 모양 열쇠고리 뒤에는 당시 그의 등번호 11이 찍혀 있다. ❷ 왼쪽은 전혀 구체적이지 않은 구체관절 인형. 뒤에 붙은 종이가 야구 카드 디자인과 똑같다. 오른쪽은 오타니가 표지 모델이었던 플레이스테이션 야구 게임 'THE SHOW' 2022년 특별판 DVD. ❸ 수백 점의 수집품이 있는 오타니 박물관의 핵심 전시실은 친필 사인 전시실이다. 사진에는 보이지 않는데, 카드 뒤에 사인볼도 몇 개 놓여 있다.

3장
행복의 조건

행복한 삶의 조건에 대해 많이들 이야기한다. 주로 언급되는 것들은 건강, 돈, 가족, 친구 등등. 맞는 말이다. 건강이나 돈의 중요성은 설명할 필요가 없다. 가족과 친구 등등 인간관계 역시 행복의 필수 조건이다. 인생을 요리에 비유한다면 주재료가 되겠다.

그렇다면 취미는 어떨까? 취미는 주재료를 살려주는 양념이다. 취미가 없어도 살 수는 있다. 그러나 먹고사는 문제 외에 내가 정말로 좋아하는 뭔가가 없다면 인생이라는 요리는 맛도 향도 없는 맹탕이 될지도 모른다.

만약 취미에 지나치게 몰두한다면? 요리는 엉망이 될까?

당신은 열중하는 무언가가 있습니까

덕질이란 무엇인가? 많은 이들이 팬질과 비슷하게 여길 것이다. 먼저 사전적 의미를 확인해보자. 네이버 오픈사전에서 '팬질' 정의를 보면 이러하다.

'운동 경기나 선수 또는 연극, 영화, 음악 따위나 배우, 가수 등을 열광적으로 좋아하여 팬으로서 적극적으로 활동하는 일을 낮잡아 이르는 말.'

그렇다면 덕질은?

'어떤 분야를 열성적으로 좋아하여 그와 관련된 것들을 모으거나 파고드는 일.'

즉, 사전적 의미에서 팬질과 덕질의 가장 큰 차이점은 대상이다. 팬질의 대상이 사람에 한정되는 것에 반해, 덕질은 물건이나 분야에 대해서도 가능하다.

이번에는 언어적인 측면에서 분석해보자. 팬질은 분석이 쉽다. 우리가 흔히 아는 'fan'이라는 영어 단어와 행동을 뜻하

앞서 살짝 소개한 오타니 박물관의 전경. 볼 때마다 가슴이 벅차오른다.

는 우리말 어근 '질'의 결합이다. 누군가의 팬으로서 하는 행위를 두루 어우르는 단어인 셈.

덕질은 좀 더 복잡하다. '덕'은 우리가 흔히 아는 한자가 아닌 일본어 오타쿠(おたく, 御宅)에서 왔다. 원래는 상대를 높여 부르는 표현(우리로 치면 '귀하' 비슷한 귀댁)이었는데, 1970년대부터 같은 취미를 가진 사람들이 동호회에서 서로 예의를 지키고 존중하는 의미로 '오타쿠'라는 표현을 자주 쓰면서 '특정한 취미에 열중하는 사람'이라는 요즘의 의미로 변했다고 한다.

그런데 이 표현이 우리나라로 들어온 뒤, 발음이 비슷한 '오덕후'로 바꿔 쓰는 사람들이 생겼고, 뒤의 두 글자 '덕후'를 다른 단어에 붙이는 경우도 잦아졌다. 이를테면 축구에 관심이 많은 사람을 '축구 덕후', 무기에 관심이 많은 사람을 '밀리터리 덕후'로 부르는 것이다.

이 표현마저 줄여 '축덕' '밀덕' 등의 표현이 널리 쓰이게 되었다. '덕'이라는 글자가 뭔가에 열중하는 사람을 뜻하는 어근처럼 쓰이게 된 과정이다. 덕질은 바로 그 '덕'에 우리말 '질'이 결합한 단어다.

팬질과 덕질의 차이는 이러한 언어적 분석에서 드러난다. 덕질은 '취미에 열중한다'는 의미가 포함되어 있다. 단순히 팬으로서 누군가를 좋아하고 응원하는 정도를 넘어, 그것을 취미로 삼아 열중해야 덕질이 되는 것이다. 여기에 내가 팬질과 덕질을 하며 얻은 개념을 더하자면 이러하다.

    대상이 사람일 경우에 한정해, 덕질은 팬질에서 시작된다. 팬질을 하다가 일상생활에 방해될 정도로 돈과 시간이 들어가거나 감정이 소모되기 시작하면 덕질의 단계로 넘어간다.

    나의 경우, 어릴 때는 주로 록스타나 래퍼의 팬이었다. 내가 태어나기 전부터 활동했던 비틀즈, 레드 제플린, AC/DC 같은 밴드들의 앨범을 다 모으고 가사를 달달 외울 정도로 듣고 따라 불렀다. 내 학창 시절과 활동 시기가 겹친 메탈리카, 슬레이어, 데프 레퍼드, 건즈 앤 로지즈 등등의 밴드나 투팍, 나스, 에미넴 같은 래퍼들을 얼마나 좋아했는지는 말할 것도 없다.

    앨범을 사느라 용돈을 다 써버려 버스를 못 타고 걸어 다녔던 일은 흔하다. 스쿨밴드도 하고, 공연도 쫓아다녔다. 소위 족보(가수 이름과 경력 등등)를 외우느라 공부할 시간과 열정도 많이 빼앗겼다. 그 시절을 돌아보면 나는 하드록 덕후라고 할 만했다. 다만 덕질의 대상이 특정 아티스트나 그룹이 아닌 음악 그 자체였다.

어린 시절의 덕질은 결국 직업으로 이어져 지금까지 음악을 듣고 고르는 일을 업으로 하고 있다. 그러므로 이제는 아무리 음악을 많이 듣고 좋아해도 직장을 그만두기 전까지는 덕질이 될 순 없다. 취미가 아니라 직업이니까.

어른이 된 후에 덕질을 한 기억은 없다. 비슷한 경험을 꼽아보자면, 스무 살 때 첫 차를 산 이후 자동차를 참 좋아했다. 각종 자동차 커뮤니티에 가입해 동호회 활동도 하고, 세어보니까 지금까지 16번이나 차를 바꿨다. 그렇다고 자동차 덕후라고 하기엔 지식의 깊이가 너무 얕다. 자동차 제조사의 역사나 모델명은 줄줄 외워도 간단한 정비조차 할 줄 모르니. 그 흔한 모터쇼도 딱 한 번 갔다. 그냥 차를 자주 바꾼 사람인 것이다.

BTS에 흠뻑 빠졌던 기간도 꽤 길었다. 방탄소년단의 노래를 좋아했고 찬란한 성장기에 매혹되었다. 그러나 아미도 아니었고 공연에 가거나 굿즈를 산 적도 없다. 게다가 방송국 피디라는 직업과 아예 연관이 없다고 볼 수는 없으니 덕질의 기본 조건부터 부합하지 않는다.

부동산에 심취해 강남 일대 아파트 단지 수십 곳의 정보를 전부 외우고 다닌 적도 있었다. 준공 시기, 세대수, 평형 구성, 대지 지분, 가격 변동, 재건축 진행 상황 등등. 걸어 다니는 부동산 카페였다고나 할까. 부동산, 구체적으로는 강남 아파트 덕후라는 표현도 가능할 것 같은데 온전한 취미가 아니라 재산 형성의 도구로 쓰였으니까 재테크 활동에 더 가까울 듯하다.

아무리 생각해봐도 '순수한' 덕질은 이번이 처음이다. 아들 이름도 한자로 못 쓰는 내가 정확히 한자로 이름을 쓸 줄 아는 사람, 매일 몇 시간씩 야구를 보게 만드는 사람, 하루에도 몇 번씩 관련 뉴스를 찾아보는 사람, 여자랑 데이트할 때보다 더 많은 돈을 쓰게 만드는 사람, 내 감정 상태마저 좌우하는 사람, 내 덕질의 대상 오타니 쇼헤이.

이 글을 쓰는 지금도 오타니 카드가 모니터 옆에 세워져 있다. 경기장을 찾은 팬에게 사인을 해주는 모습이 담긴 카드다. 파란 하늘과 흙 묻은 유니폼이 상쾌해 보인다. 언젠가 나도 이렇게 오타니에게 사인받을 순간을 상상하면 기분이 좋아진다.

돈과 시간을 쓴 대신 건강을 얻다

덕질을 시작하면 생활에 변화가 생긴다. 연애를 시작하거

한정수는 없지만 발행량이 적은 SSP(super short print) 카드. 다른 선수들처럼 오타니도 아이들에게 사인 인심이 후 한 편이다. 피켓이라도 들어야 시선을 끌 수 있을 것 같은데, 당신과 결혼하기 위해 태평양을 건넜다고 할 수도 없고… 40대 남자는 너무 불리하다.

나 앞서도 잠깐 얘기했듯 종교를 갖게 되었을 때와 비슷하다. 일상의 많은 것들이 덕질의 대상을 중심으로 위치를 조정한달까. 덕질의 대상이 쓰는 물건을 따라 사서 쓰거나 광고하는 상품을 사는 행위도 그런 변화 중 하나다. 물론 비합리적 소비다. 하긴, 덕질이라는 행위 전체가 덕심이 없는 사람들이 보기에는 돈 낭비 시간 낭비일 뿐이겠다.

팬들의 비합리적 소비심리는 기업이 비싼 광고비를 지불하고 스타 마케팅을 하는 이유이기도 하다. 오타니는 스타 마케팅의 0순위 후보다. 경제지인 〈포브스〉에 따르면 오타니가 2023년에 거둔 연봉 외 수입(광고, 굿즈, 각종 초상권 등등)은 역대 야구 선수 중 가장 많은 3,500만 달러. 우리 돈으로 450억 원이 넘고 2위와의 격차도 아득하다.

오타니가 모델인 브랜드는 너무 많아서 다 적을 수 없을 정도인데, 몇 가지만 보자면 먼저 스포츠 의류 브랜드인 뉴발란스가 있다. 원래 아식스의 모델이었던 오타니는 이번 시즌부터 뉴발란스로 스폰서를 바꾸었고, 나도 운동화를 뉴발란스로 바꾸었다. 오타니는 의류 브랜드인 휴고 보스의 모델도 오랫동안 하고 있는데, 나도 보스를 몇 벌 샀다. 순전히 오타니 때문이다.

지난 시즌에는 오타니가 포르쉐 홍보대사로 계약을 맺었

다는 소식이 들려왔다. 앞서 말했듯이 꽤 오랜 세월 자동차를 무척 좋아했던 나에게는 엄청난 뉴스였다. 거의 매년 차를 바꾸다가 몇 년 전부터 시들해진 상태였는데, 오타니가 찍은 '타이칸' 화보를 보자마자 차를 바꾸고 싶은 욕망이 불타오르기 시작했다. '나도 타이칸 타고 싶다!'

자동차를 좋아하는 사람 중에 포르쉐가 로망인 경우가 많은데, 내 경우에는 한 번도 그런 적이 없었다. 소위 말하는 드림카(지금은 8시리즈로 모델명이 바뀐 BMW 그란쿠페)는 타봤고, 딱히 다음에 타고 싶은 차는 생각해본 적이 없었다. 20년 넘게 하드탑을 고수하던 벤츠 SL 신형이 소프트탑으로 변경되어 나온다길래 다음 차로 타볼까 생각해본 정도?

오타니 화보를 보기 전에는 길거리에서 타이칸을 봐도 별 감흥이 없었다. 그러니 타이칸에 대한 열망은 차에 대한 것이라기보다는 순전히 오타니와 똑같은 차를 타고 싶다는 심리였다.

자동차 동호회에서는 차를 바꾸고 싶은 생각이 들 때 '기변 뽐뿌'가 온다는 표현을 쓰는데, 아주 뽐뿌가 제대로 왔다. 결국 포르쉐 매장을 찾았다.

오타니의 화보에 나온 차와 차종은 물론 색깔까지 똑같이 주문해 받았다. 그런데 차를 바꾸고 몇 달 안 있어 황당한 사실을 알게 되었다. 화보는 타이칸으로 찍었지만, 실제로 오타니가 타는 차는 카이엔이라는 사실! 해외 팬들이 찍어 올리는 사진으로도 확인할 수 있었다.

오타니와 같은 차를 타고 싶다는 마음 때문에 타이칸을 샀는데! 색깔까지 똑같이 맞춰서! 낭패도 이런 낭패가 없었다.

이대로 포기해야 할까. 고민하다가 차를 바꾸라고 아내를 설득하기 시작했다. "커플로 포르쉐를 타면 멋지지 않겠어? 당신이 타이칸을 타고 내가 카이엔을 타면 딱이겠다." "골프 라운딩도 자주 나가니 골프백 네 개가 넉넉하게 들어가는 대형 SUV가 집에 있으면 좋다. 아이도 다 컸는데 가족 여행 갈 때도 제격이네."

덕질이 병이라면 중병에 이른 것이다. 나도 잘 알고 있었다. 이건 미친 짓이야. 최악의 충동구매야. 멈춰!

그러나 덕심이 이성을 이겼고, 아내의 동의를 얻어 카이엔도 주문했다.

신기한 경험을 하기도 했다. 차를 좋아하는 사람은 다들 공감할 텐데, 보통 어떤 차를 사고 나면 구매리스트에 함께 올렸던 차들을 거리에서 볼 때마다 눈이 돌아간다. '저걸 살걸 그랬나? 저게 더 예쁜 것 같은데.' 이런 식의 남의 떡 심리가 작용하거나 반대로 신포도 심리가 작용하기도 한다. '역시 내

❶ 오타니가 찍은 타이칸 화보 ❷ 오타니가 실제로 타는 카이엔 사진.

❶ 일주일 내내 주차장에 서 있는 포르쉐를 보면 멍해질 때가 있다. 이것은 탈 것인가 수집품인가? ❷ 카이엔 출고할 때 찍은 사진. 오타니와 같은 차를 타는 나는야 성공한 덕후!

차가 더 예쁘구만! 이 차를 사길 잘했어!' 나도 매번 그랬다.

그런데 이번만큼은 예외였다. 구매의 목적이 오타니가 광고하는 차, 오타니가 타는 차였으니까. 다른 차에 눈 돌아가는 일이 전혀 없었다. 포르쉐 두 대 살 돈으로 벤틀리나 페라리를 사지 그랬냐고 핀잔주는 친구들에게도 자신 있게 말해줄 수 있었다. "오타니랑 상관이 없잖아!"

덕질엔 돈만 들어가는 게 아니라 시간도 들어간다. 아마도 야구는 시간 잡아먹는 데 1등일 거다. 메이저리그는 3월 말이나 4월 초에 시즌을 시작해 가을 야구까지 포함하면 10월 말까지도 진행된다. 우리나라 KBO보다도 경기 수가 더 많아, 각 팀당 162경기(KBO는 144경기)가 치러진다. 일주일에 한 번 경기하는 축구와 비교 불가. 보통 한 경기에 3시간 안팎의 시간이 걸리니, 몇 년 동안 거의 매일 3시간을 오타니에게 할애한 셈이다.

문제는 시차였다. 오타니가 소속된 LA 에인절스는 미국 서부에 연고를 둔 팀이어서 우리 시간으로는 아침에 경기가 많이 잡힌다. 차를 타고 출근하다 보니 핸드폰으로 야구 중계를 틀어놓고 운전하는 일이 잦아졌다. 눈은 운전에 집중하고 귀로 듣기만 하자고 마음먹어도, 오타니가 홈런을 치거나 삼진을 잡거나 아슬아슬한 상황이 벌어지면 나도 모르게 화면으로 눈이 돌아갔다. 위험했다. 답답하기도 했다.

그러다 오타니가 선발투수로 나섰던 어느 날, 나는 더 이상 못 참고 차를 놔두고 집을 나섰다. 봄바람이 차창으로 넘실대는 버스 뒷자리에 앉아 이어폰을 꽂고 야구 경기를 보면서 출근했다. 오타니는 신들린 강속구로 쉴 새 없이 삼진을 잡아냈다. 그의 불꽃 스트라이크가 상대 타자들을 무너뜨릴 때마다 나도 주먹을 불끈 쥐었다. 핸들을 잡을 필요가 없으니까! 타자로 나선 오타니는 담장을 아득하게 넘기는 초대형 홈런을 때려냈다. 내 눈은 홈런 타구를 끝까지 쫓을 수 있었다. 전방주시를 할 필요가 없으니까! 화창한 봄날의 완벽한 출근길이었다.

그날 이후, 나는 매일 버스를 타고 출근한다. 출근길에는 생방송으로 오타니 경기를 보고, 퇴근길에는 출근 이후에 진행된 경기를 다시 보기로 마저 보고. 이 맛을 들이니 차를 가지고 다닐 수가 없었다. 생각해보면 이런 아이러니가 없다. 오타니와 같은 차를 타겠다고 포르쉐를 두 대나 샀는데, 오타니 경기를 보기 위해 차를 놓고 다니다니!

글을 쓰다 말고 지금 확인해보니 출고한 지 1년이 다 되어가는 카이엔의 총 주행거리는 5천 킬로미터. 그보다 먼저 사서 1년이 훌쩍 넘은 타이칸의 주행거리는 6천 킬로미터. 그나마 골프장에 다니느라 이 정도라도 탈 수 있었다.

이것만 봐도 덕질의 속성을 알 수 있다. 덕심, 덕질하고 싶은 마음은 연애 감정과 같아서 의도적으로 만들 수도 없고 막을 수도 없다. 이왕 포르쉐를 두 대나 샀는데 포르쉐 덕후가 되면 얼마나 좋을까? 포르쉐 덕후들이 보면 이해가 안 되겠지만, 전혀 덕심이 생기지 않는다. 오타니가 다른 자동차 브랜드의 모델이 되면 미련 없이 갈아탈 가능성도 있다.

이번 시즌 끝나고 비시즌에는 다시 차를 타고 출근할까 했는데, 그러지 않기로 했다. 얼마 전에 받은 건강검진 결과, 평소 골칫거리였던 고지혈증 수치가 상당히 개선되었는데, 유일한 생활 습관의 변화는 대중교통을 이용하면서 걷는 거리가 길어졌다는 것뿐이다. 건강을 위해서라면 차를 계속 세워둘지도 모르겠다.

이럴 줄 알았으면 한 대만 살 걸 그랬나? 아니다. 덕후는 덕질을 후회하지 않는 법.

나의 하루를 가장 기쁘게 해주는 무언가를 찾다

그렇다면 덕질은 돈과 시간의 거대한 낭비일 뿐인가? 그럴 리가. 이제 덕질이 주는 기쁨에 대해 말할 차례다.

우리나라 평균 수명의 절반 이상을 살고 보니 이런 의문이 든다. 누가 나를 좋아하는 것과 내가 누구를 좋아하는 것, 둘 중 어느 쪽이 더 큰 행복감을 줄까? 물론 내가 좋아하는 사람이 나를 좋아한다면 제일이겠지만, 둘 중 하나만 고르라면? 어릴 때는 전자인 줄 알았다. 그런데 지금은 후자로 생각이 바뀌었다.

누군가를 좋아하는 마음. '싫지 않다' 정도의 차원을 넘어, 그 사람을 생각하면 흐뭇해지고 그 사람이 잘되면 나까지 행복해지는 감정은 축복이다. 반대로, 좋아하는 사람이 없는 삶이란 얼마나 쓸쓸하고 황폐한가? 그런 상태가 지속되면 누구든 성미가 고약해지기 쉽다.

생각만 해도 흐뭇해지고 그 사람의 성공이 내 성공처럼 여겨지는 대상을 만나기란 쉽지 않은 일이다. 가족이나 연인을 제외하면, 글쎄…? 그러니 누군가 좋아하는 대상이 생겼다면 망설이지 말고 흠뻑 빠지기를. 그 사람이 당신을 몰라도 상관없다. 일방적인 감정이라 할지라도 그 감정 자체가 귀한 것이

정장 차림으로 글러브를 낀 모습이 색다르다.
오타니가 표지 모델인 잡지 중에 제일 좋아하는 수집품.

니까.

 그러나 누군가를 좋아하게 되면 그 사람도 나를 좋아해주기를 바라는 것이 당연한 심리다. 그렇지 않을 경우, 서운함을 느끼는 것도 당연하다. 그 마음이 연정이라면 짝사랑의 가슴앓이로 이어지기도 한다. 덕질의 장점 중 하나는 그런 일을 미리 방지해준다는 거다. 덕질은 어차피 감정의 흐름이 일방적이며 상대는 내 존재를 전혀 모르기 때문에 서운할 일도 가슴앓이할 일도 없다.

 오타니가 표지모델이었던 〈타임〉 매거진을 샀을 때 그런 생각이 들었다. 〈타임〉지 표지 모델까지 하신 분이 나를 몰라준다고 서운할 리가!

 잡지를 수집할 때는 보통 두 부씩 구매한다. 하나는 읽어보고 다른 하나는 보관한다. 햇빛이 닿지 않는 곳에 보관하되 습기를 조심해야 한다. 수집하는 사람이라면 늘 명심할 것. 햇빛과 습기는 나의 적. 이렇게 말하고 나니 흡혈귀 같네.

 덕질은 감정의 의탁 행위이기도 하다. 덕질의 대상이 사람인 덕후들은 공감할 텐데, 나의 하루 기분에 가장 많은 영향을 주는 사람이 오타니다. 홈런을 치거나 압도적인 투구를 하는 날에는 하루 종일 신이 난다. 하이라이트를 보고 또 보고, 야구 관련 커뮤니티 게시판을 들락거린다. 반대로 안타 하나 없이 타석을 마치거나 마운드에서 실점이 많은 날에는 마음이 무거워진다.

오늘 하루 운이 없었던 것일까? 타격감이 무뎌졌나? 구종 선택이 상대 타자들에게 읽히는 건가? 내일은 잘하겠지? 혹시 슬럼프는 아니겠지? 우리 타니, 속상해서 잠이라도 설치면 어쩌나?

곰곰이 생각해봤는데, 내가 골프를 망쳤을 때보다 오타니가 경기를 망쳤을 때 더 속상한 것 같다. 그까짓 골프!

커뮤니티 게시판에서 오타니를 깎아내리거나 싫어하는 글을 볼 때면 화가 치밀기도 한다. 오해가 있으면 댓글로 해명하기도 한다. 다행스럽게도 이제 나 같은 오타니 팬이 꽤 많아져서 헤이터들의 입지가 좁아졌다. 야구라는 스포츠에 대해 최소한의 상식이 있는 사람이라면, 오타니를 인정하지 않을 수 없다. 안 그런가?

선수로서 객관적 평가와 별개로, 좋고 싫고는 감정의 문제이니 어쩔 수 없다. 투수와 타자 양쪽으로 최상급 성적을 찍는 메이저리그 최고의 스타이면서 잘생기기까지 했고 늘 친절하고 겸손한 태도를 지키며 누구에게나 환하게 웃어주는 선수가 싫다면, 어쩔 수 없는 일이다.

오타니의 미소 띤 얼굴이 좋아서 산 카드도 꽤 있다. 2018

이렇게 천진난만한 야구소년을 어떻게 싫어할 수 있을까?

TOPPS ON DEMAND도 그런 카드 중 하나. 오른쪽 상단에 오타니의 등번호와 같은 17/75라는 한정수가 찍혀 있다. 이렇게 한정수와 선수 등번호가 일치하는 카드는 수집가들 사이에 'ebay 1/1'이라고 불리며 더 비싸게 거래된다. 루키 카드인데다 POP 수가 겨우 5! 묵직한 카드다.

인생 전환기에 만난 버팀목

덕질은 현실에서 힘든 일이 생겼을 때 피난처로도 제격이다. 덕후들끼리는 현생을 잊기 위해 덕생에 집중한다는 말을 종종 한다. 언뜻 생각해봐도 현실 도피를 위해 술이나 마약, 도박 등등에 중독되기보다 덕질이 훨씬 낫다.

덕질은 단순히 현실을 회피하려는 소극적인 행위만이 아니다. 오히려 일상을 더 다채롭게 만들어주고 결국 현실에 더 씩씩하게 맞설 수 있게 해준다. 이제부터 개인적인 고백을 잠깐 해보겠다.

작년 그러니까 2022년 초는 정말이지 여러모로 혼란스러운 시기였다. 일단 아들이 대학에 입학하면서 입시 뒷바라지가 끝났다. 늘 집과 학교 학원만 오가던 아들은 대학생이 되더니 얼굴 보기도 힘들 정도로 신나게 바빠졌다. 나는 홀가분한 동시에 뭔가 허전해졌다. 취업을 신경 쓸 필요가 없는 학과에 진학했기에 이제 부모로서 뒷바라지는 끝났다는 허전함은 더 커졌다. 나는 아직 40대 중반인데, 인생의 전환기가 너무 빨리 찾아온 것 같기도 했다.

여기까지는 좋은데, 하필 그 시기와 맞물려 방송국에서도 연출하던 프로그램에서 하차하게 되었다. 연출뿐만 아니라 직접 진행까지 하던 프로그램이어서 충격이 더 컸다. 단순한 하차가 아니었다. 대통령 선거를 코앞에 둔 시기에 나는 논란의 중심에 섰다. 매일 저녁 뉴스에 내 얼굴이 TV에 나왔고, 포털 메인에 올라오는 기사에는 수백 개씩 댓글이 달렸다. 비난과 격려가 동시에 쏟아졌다. 회사 안에서도 입장이 갈렸다. 내 편에 서주는 사람들도 있고 나에게 책임을 묻는 사람들도 있었다.

기묘한 기분이었다. 논란의 주인공인 내가 따로 있고, 논란이 진행되는 과정을 구경하는 내가 따로 있는 기분? 내가 주인공으로 나오는 한 편의 블랙코미디를 감상하는 기분? 폭풍 같았던 그 사건이 잠잠해지는 데는 꽤 오랜 시간이 필요했다. 대통령 선거가 끝나고, 프로그램이 폐지되었다. 내가 생방송이 없는 심야 BGM 프로그램에 배정되면서 일단락

되었다.

그런 상황에서, 10년 가까이 쉬지 않고 연재하던 네이버 웹소설과 웹툰도 차기작 통과가 늦어졌다. 한 번도 아니고 몇 번이나 연거푸 심사에서 떨어졌다. 웹소설이 처음 나왔던 때부터 연재를 계속했는데 이런 적은 처음이었다.

하나씩 찾아왔다면 충격이 덜했을 텐데, 집 안팎에서 모든 변화가 타이밍이라도 맞춘 듯 한꺼번에 덮쳐왔다. 마치 세상이 이렇게 말하는 듯했다.

'넌 이제 끝났어.'

할 일이 사라지자 시간이 남았다. 당혹스러웠다. 어릴 때부터 늘 시간이 모자란다고 생각했으니까. 놀 시간도 모자라고, 연애할 시간도 모자라고, 일할 시간도 모자라고, 자려고 누울 때마다 하루가 30시간이면 얼마나 좋을까 아쉬워했다. 그런데 시간이 남아돌다니!

발상을 전환하면 모든 게 좋아 보일 수도 있었다. 입시생 눈치 보느라 집에서 숨죽이고 지낼 필요도 없다. 학원 라이드도 사라졌으니 저녁과 밤도 자유로워졌다. 회사에서는 업무량이 줄었는데 월급은 그대로다. 좋은데? 오히려 잘된 거 아닌가? 편안함과 여유를 갈구하는 사람들이 보기엔 행복한 고민이겠지만 나는 그런 타입이 아니었다. 나는 뭔가에 열중하는 데 익숙한 사람이었다.

어쩔 줄 몰라 하는 나에게 아내는 함께 골프를 배우자고 권했다. 적절한 권유였다. 골프 연습은 꽤 많은 시간을 요구했고, 둘이 함께 삽질하고 서로를 위로하는 재미도 있었다. 부모님과 동생 부부 모두 골프를 좋아해 같이 라운딩을 다니면서 행복한 추억도 많이 만들었다. 하지만 골프는 재미있는 운동이자 즐거운 나들이일 뿐, 내게 열정을 쏟을 대상은 되어주지 못했다. 아직 실력이 부족해서 그런지도 모르겠으나 매주 라운딩을 나가면서도 열정까지 생기지는 않았다.

그 시기에 나를 지탱해준 버팀목이 덕질이다. 갈 곳 잃은 열정을 그 전부터 열심히 해오던 오타니 덕질에 모두 쏟아부었다. 오타니의 경기를 보면서 불안을 이겨냈고, 오타니를 응원하며 나 자신을 응원할 준비를 마쳤다. 오타니를 더 잘 알기 위해 야구를 공부했고, '왜 야구를 인생의 축소판'이라고 하는지도 알게 되었다. 오타니를 연구하고 오타니와 관련한 물건들을 수집하며 우리나라에서 손꼽히는 오타니 전문가가 되겠다는 욕심도 생겼다.

이 책에서 소개한 수많은 수집품과 오타니 박물관이 덕질의 결실인 줄 알았다. 아니다. 그건 부산물일 뿐이다. 심지어

이 책조차 덕질의 부산물일 뿐이라는 사실을 이제야 깨닫는다. 내 덕질의 진짜 결실은 꺼진 줄 알았던 열정의 불꽃이 살아 있음을 확인한 것이다.

세상이 나한테 한 말은 '넌 이제 끝났어'가 아니라 '잠시 쉬어도 돼'였다. 오타니 덕분에 그 말을 제대로 들을 수 있었다.

고마워, 오타니.

오타니가 실제로 던진 공.
손에 쥘 때마다 이런 생각을 한다.
'그래, 다시 일어나 던져볼게! 아직 던지고 싶은 공이 남아 있으니까.'

4장
오타니의 가르침

마이크 트라웃과 오타니 쇼헤이. 10년 넘게 최고의 선수로 군림했던 트라웃과 어쩌면 야구 역사상 가장 위대한 선수인 오타니는 2018년부터 현재까지 같은 팀에서 뛰고 있다. 그런데 이렇게 대단한 선수 두 명을 데리고도 소속팀 LA 에인절스는 가을 야구 문턱에도 가보지 못했다. 농구나 축구에 비해 야구는 선수 개개인보다 팀 의존도가 훨씬 더 높은 스포츠다. 이 점에서도 야구와 인생은 무척 닮았다. 아무리 잘난 사람도 혼자 할 수 있는 일은 극히 적다. 그 흔한 사랑도, 싸움도, 치킨집도 혼자서는 못한다. 오타니에게 얻은 의외의 교훈 중 하나다.

상쾌한 몸 상태로 경기에 나서라

오타니는 잠보로 유명하다. 어릴 때부터 그랬다. 부모님이 회상하는 꼬마 오타니는 잠자는 게 특기일 정도였다고 한다. 친구들과 신나게 야구를 하고 돌아와 저녁을 먹기 전에 너무 깊이 잠들어 밥도 못 먹고 아침까지 자는 일도 흔했다고. 프로 선수가 된 후에도 오타니는 하루 9시간은 잔다고 말해 주위를 놀라게 했다.

그저 체질적으로 잠이 많은 걸까? 그렇지 않다. 동료들의 증언에 따르면 그는 최대한 많이 자려고 '노력'한다. 멋진 식당에 가서 밥 먹는 것도, 유명세를 누리며 파티를 즐기는 일도 사양하는데, 그 이유가 늘 잠 때문이라고 한다.

WBC에서 동료 생활을 하고 헤어진 라스 눗바(세인트루이스 카디널스) 선수도 인터뷰에서 말한 적 있다. 정규시즌이 시작되고 에인절스와 경기를 하게 되어 저녁이라도 먹자고 전화했는데, 오타니가 일찍 자느라 만날 수 없었다고.

POP 수 11장의 레드 포일 카드.
빛이 비치는 각도에 따라 반짝이는 모습이 달라져 보는 맛이 아주 좋다.

오타니가 왜 그렇게 잠을 많이 자는지, 그 이유를 나중에 알게 되었다. 오타니의 인터뷰를 분석해보면 같은 표현이 자주 등장한다. 내가 일본어를 잘 몰라서 영어로 번역된 표현을 옮기자면, 'keep fresh.' 상쾌한 몸 상태로 경기에 나서는 것이다. 투수로 완벽했던 경기의 비결에 대해 기자가 물어봐도, 타자로 멀티홈런을 때린 비결을 물어봐도, '상쾌한 몸 상태로 경기에 나서서 좋은 결과를 얻었다'는 대답이 자주 나온다.

오타니는 다큐멘터리에서 이런 말을 한 적 있다. '경기력 향상에 가장 중요한 두 가지는 연습과 휴식이며, 어릴 때부터 둘의 균형에 대해 많이 고민했다'고. 선수마다 연습과 휴식의 최적 비율이 다른데, 투수와 타자 역할을 모두 수행하는 오타니는 몸을 회복시키는 휴식이 연습보다 더 중요하다는 결론에 이르렀다. 그리고 회복을 위한 가장 좋은 휴식의 방법이 수면임도 깨달았다. 즉, 오타니에게 잠이란 경기에서 제대로 뛰기 위한 필수요건이다. 그냥 자는 게 아니라, 연습보다 더 중요한 준비과정이라는 맥락에서 최선을 다해 자는 것이다.

많은 이들이 이렇게 말한다. 오타니는 타고난 재능이 워낙 뛰어나서 실컷 자면서도 압도적인 성적을 거둔다고. 그 반대다. 충분히 자기 때문에 성적이 더 잘 나오는 것이다. 재능을 믿고 몸 관리를 제대로 안 하다가 망가지는 선수들이 숱하게 많다.

나는 어땠나? 무슨 일을 할 때, 최적의 상태를 만들기 위해 이토록 애쓴 적이 있었나? 아니 그보다, 나에게 최적의 상태가 무엇인지 고민해본 적은 있나? 글을 쓰기 전에, 방송을 만들기 전에, 나는 얼마나 준비했나?

나는 오타니처럼 하지 못했다. 시험을 앞두고 컨디션 조절을 못한 적도 많았고, 방송을 할 때도 최적의 상태는커녕 지치거나 졸린 상태였던 적도 부지기수. 글을 쓸 때도 무작정 키보드에 손을 올리는 식이었다. 오타니 덕질을 시작한 후, 소위 루틴에 변화를 주기 시작했다. 나는 오타니 덕분에 내가 하는 일에 좀 더 경건해졌다.

억울함에 발목 잡히지 말 것

모든 스포츠 종목에서 멘탈은 체력만큼 중요하다. 김연아, 장미란, 손흥민, 종목은 다르지만 이들은 모두 탁월한 멘탈을 가졌다는 공통점이 있다. 야구도 마찬가지다. 야구의 경우 선수들의 멘탈을 무너뜨리는 순간을 꼽아보자면, 아마도 심판의 오심과 팀 동료의 실책일 것이다.

예전에는 심판이 잘못된 판단을 해도 뒤집을 방법이 없었다. 요즘은 기술의 발전으로 심판의 오심에 대해 챌린지를 해서 비디오 판독을 할 수 있다. 하지만 주심의 스트라이크 볼 판정에 대해서만큼은 요즘도 비디오 판독을 허용하지 않는다. 타자의 경우엔 한참 빠지는 볼을 스트라이크로 잡아주는 경우가 문제고 투수는 반대로 분명히 스트라이크 존에 들어갔는데 볼로 판정받는 경우가 문제다. 어느 쪽이든 선수 입장에서는 억울할 것이다. 화면으로 경기를 구경하는 팬도 화나는데 선수 본인은 오죽하겠나.

주심의 볼 판정 오심은 매 경기 한두 번은 꼭 나온다. 이럴 때마다 열 받고 흥분한다면 다음 플레이에 안 좋은 영향을 받을 수밖에 없다. 게다가 심판에게 항의해봤자 판정이 번복될 일도 없다. 그걸 알면서도, 선수들은 실망과 분노를 감추지 못한다. 심판에게 소리를 지르고 심한 경우 퇴장당하는 경우도 있다. 오타니는 어떨까? 명백한 오심에도 좀처럼 격한 반응을 보이지 않는다.

다음 영상을 보자. 애매한 판정도 아니었다. 스트라이크 존에서 공 몇 개는 빠진 확실한 볼이었는데 심판은 스트라이크로 판정했다. 해설자들도 탄식할 정도의 오심. 그런데 정작 오타니는 인상 한번 안 쓰고 씩 웃고 말았다. 그리고 바로 다음에 날아온 97마일 강속구를 냅다 후린다.

다음, 심판의 오심만큼 선수를 좌절하게 만드는 건 동료의 실수일 것. 특히 투수의 경우, 쉽게 잡을 수 있는 타구를 수비수가 놓쳐 안타가 되어버리면 스트라이크 볼 오심과 차원이 다른 타격을 받는다. 특히, 그런 실책이 결정적인 순간에 나온다면? 이를테면 8회까지 노히터(선발투수가 안타 하나 맞지 않고 상대를 막아내는 경기)를 진행 중인데 동료가 땅볼을 놓쳐 노히터가 무산된다면?

이어 영상을 보자. 공을 빠뜨린 동료는 미안해서 사색이 되는데 오타니는 오히려 장난치며 긴장을 풀어준다. 이닝을 마치고 덕아웃에 들어가서도, 사과하는 동료에게 전혀 미안할 게 없다며 툭툭 쳐주고 만다.

살다 보면 행운은 별똥별처럼 드물고 억울한 순간은 미세먼지처럼 흔하다. 억울한 상황마다 쉽게 바로잡을 수 있다면 좋겠지만, 내가 노력해도 상황이 변하지 않는다면 털어버리는 태도도 필요하다. 그건 불의와의 타협이 아니라 미래의 나를

오심은 홈런으로 응징해야 제맛. 표정은 웃고 있었지만 속으로 분노했던 것 같기도 하다. 왜냐하면, 이 홈런의 타구 속도가 오타니의 무수한 홈런 중 가장 빠른 190km.

그깟 노히터, 나중에 또 하면 되지 뭐. 오타니는 이미 일본에서 노히터를 기록한 적이 있다.

위해 지금의 내가 베푸는 호의다.

　이런 태도는 나도 오타니를 알기 전부터 익혀온 터였다. 특히 오랜 기간 방송을 진행하다 보니 내 발언을 곡해하는 사람들이 많이 생겼다. 맥락을 잘라내고 소위 악마의 편집으로 음해하는 사람들도 여럿이었다. 그럴 때마다 이렇게 생각했다. 멍청해서 저러는 거겠지? 먹고살려니 저러는거겠지? 머리 좋고 팔자 좋은 내가 넘어가줘야지.

　다만, 매일 경기마다 나오는 오심 같은 흔한 억울함이 아니라 중요한 일에 있어서는 오타니도 그냥 넘어가지 않는다. 이런 일이 있었다. 2021년 시즌을 앞두고 에인절스 구단은 그에게 타자로서의 연봉만 지급하려고 했다. 2019년 시즌부터 2년 동안 투수로서 기여가 거의 없다시피 했기에 구단에서 그럴 수도 있다는 생각도 든다. 그러나 오타니는 투웨이 플레이어로서 자신의 가치를 제대로 평가해주지 않는다 생각하고 연봉 조정을 신청했고, 투수로서의 연봉도 계약에 포함시켰다.

　그리고 그 시즌, 오타니는 투수로 받아낸 연봉의 몇 배에 해당하는 활약을 펼쳤다. 평균자책점은 물론이고, 최다승, 최다 이닝, 최다 탈삼진, 탈삼진 비율, 피안타율 등등 투수를 평가하는 모든 지표에서 팀 1위 성적을 거두며 에인절스의 확고한 에이스로 등극했다.

불가능한 꿈을 이루기 위한 사소한 습관

한때 이런 식의 제목을 단 실용서가 유행한 적이 있었다. '성공한 사람들의 습관' '부자 아빠 되는 12가지 비결' '직장인 10억 만들기 비법서' 등등 목표를 이루도록 도와주는 책들. 같은 맥락에서 오타니와 관련해 유명해진 계획표가 있다. '만다라트Mandalart 계획표'라고 불리는 건데, 오타니가 고등학교 때 쓴 만다라트 계획표는 다음과 같다.

몸 관리	영양제 먹기	FSQ 90kg	인스텝 개선	몸통 강화	회전축 흔들리지 않기	각도를 만든다	공을 위에서 던진다	손목 강화
유연성	몸 만들기	RSQ 130kg	릴리즈 포인트 인정	제구	불안정함을 없애기	힘 모으기	구위	하체 주도로
스테미너	가동력	식사(덮밥, 아침에 3그릇, 저녁에 7그릇)	하체 강화	몸이 벌지지 않게 하기	멘탈 컨트롤 하기	볼 앞에서 릴리즈	회전 수업	가동력
뚜렷한 목표, 목적을 가진다	일희일비 하지않기	머리는 차갑게 심장은 뜨겁게	몸 만들기	제구	구위	축을 돌리기	하체 강화	체중 증가
위기에 강하자	멘탈	분위기에 휩쓸리지 않기	멘탈	8구단 드래프트 1순위	스피드 160km/h	몸통 강화	스피드 160km/h	어깨 주위 강화
마음의 파도를 만들지 말기	승리에 대한 집념	동료를 배려하는 마음	인간성	운	변화구	가동력	라이너 캐치볼	피칭을 늘리기
감성	사랑받는 사람	계획성	인사하기	쓰레기 줍기	야구부실 청소	카운트볼 늘리기	포크볼 완성	슬라이더의 구위
배려	인간성	감사	물건을 소중히 쓰자	운	심판분을 대하는 태도	늦게 낙차가 있는 커브	변화구	좌타자 결정구
예의	신뢰받는 사람	지속력	플러스 사고	응원받는 사람이 되자	책 읽기	직구와 같은 폼으로 던지기	스트라이크 에서 볼을 던지는 체구	거리를 이미지 한다

실제로 고등학생 오타니가 친필로 쓴 만다라트 계획표. 오타니가 프로야구 선수가 된 이후에도 야구부 기숙사 벽에 붙어 있다가 최근 경매에 나왔다. 낙찰가는 무려 우리 돈으로 16억 원! 이 돈은 학생들을 위해 쓰였다고 한다. 그나저나 오타니는 글씨도 잘 쓰네.

고등학생 오타니의 최종 목표는 일본 프로야구 8개 구단에서 드래프트 1순위로 지명되는 것! 이 목표를 위해 8가지 세부 목표를 정하고 각각의 세부 목표를 달성하기 위한 행동 지침을 8개씩 적었다. 야구와 관련한 전문적인 내용들도 있지만 누구나 눈여겨볼 만한 것들도 있다.

몸을 만들기 위한 행동 지침을 보자. 당시 키만 훌쩍 크고 많이 말랐던 몸을 불리기 위해 아침에 3그릇, 저녁에 7그릇의 덮밥을 먹기로 한다. 계획표를 만드는 데 그치지 않고, 정말로 매일 몇 그릇씩 꾸역꾸역 덮밥을 먹으며 몸을 불렸다고 당시 동료들이 증언한다.

또한 야구선수가 '인간성'을 목표로 삼은 것도 흥미롭다. 메이저리그 진출 후 다른 선수나 팬들이 충격받은 건 오타니의 실력 때문만은 아니었다. 그는 화가 날 법한 상황에서도 예의를 지키고, 주변 사람에 대한 감사를 잊지 않고, 상대에 대한 예의를 깍듯이 지켰다. 현지 해설자들이 입을 모아 칭찬하는 오타니의 매너는 이때부터 길러진 것이다.

그의 만다라트 계획표에서 무엇보다 눈에 띄는 건 '운'이라는 목표다. 흔히 운은 통제 불능의 영역이라고 생각하기 쉽다. 하지만 오타니의 행동 지침을 보면 고개가 끄덕여진다. 인사하기, 심판을 대하는 태도, 야구부실 청소 같은 행동을 꾸준히 하면 주변 사람들이 그를 좋게 봐줄 것이고 그들이 베푸는 호의가 결국 행운으로 돌아올 수도 있다.

이제는 꽤 알려진 일화인데, 오타니는 슈퍼스타가 된 후에도 틈날 때마다 경기장에서 쓰레기를 줍는다. 심지어 다른 팀 홈구장에서도 쓰레기를 줍는 모습에 사람들이 놀라곤 한다. 이유를 묻는 기자에게 오타니는 이렇게 대답했다. "저는 누군가가 흘린 운을 줍는 겁니다."

오타니만큼이나 낭만 넘치는 인물이었던 쿠바의 혁명가 '체 게바라'는 이런 말을 했다. "우리 모두 리얼리스트가 되자. 그러나 가슴속엔 불가능한 꿈을 간직하자."

이 말은 오타니의 만다라트와 일맥상통한다. 고등학교 1학년이었던 오타니는 불가능하게 보였던 '8개 구단 드래프트 1순위 지명'이라는 꿈을 가슴에 간직한 채, 사소해 보이는 행동 지침들을 따르는 리얼리스트였다.

당신의 불가능한 꿈은 무엇인가? 그것을 가능하게 만들기 위한 행동 지침은 무엇인가?

오타니처럼 만다라트를 만들진 않았지만 나도 불가능해 보이는 목표를 설정하고 행동 지침을 만들고 실행했던 적이 있다. 한 22년 전인가. 너무 오래된 일이라 연도는 정확히 기억 못하는데, 지금도 100억 원을 훌쩍 넘는 초고가 아파트 삼성 아이파크가 지어질 때 모델하우스에 간 적이 있었다. 당시 살던 집 근처였고, 부동산에 관심이 많은 어머니를 따라 별 생각 없이 간 자리였다. 지금은 더 멋진 아파트도 많지만, 당시에는 혁신적이었던 모델하우스를 구경하면서 큰 충격을 받았다. 그 자리에서 치기 어린 목표를 세우고 선언했다. 10년 안에 이런 한강뷰 강남 아파트를 사겠다고.

재산이라고는 차 한 대밖에 없는 20대 청년에겐 아득한 목표였다. 구체적인 하위 목표를 만들었다. 동작대교와 청담대교 사이(행정동으로 반포, 잠원, 압구정, 청담)에 한강을 접한 모든 아파트 단지를 완벽하게 분석하기로 마음먹었다. 그리고 한 곳도 빠짐없이 임장을 다니며 평형구성과 대지지분을 비롯한 정보를 달달 외우고, 매일 재건축 현황 업데이트하기를 행동지침으로 삼았다. 물론 자금 마련을 위한 계획도 따로 있었다. 꽤나 독하게 실천한 끝에 목표를 달성할 수 있었다.

그 뒤로도 대박 프로그램을 만든다거나, 베스트셀러 웹소설을 쓴다거나 하는 목표를 종종 설정하곤 했다. 달성한 것도 있고 실패한 것도 있다. 가장 큰 실패는 인생의 어느 시점부터 새로운 꿈을 꾸지 않게 된 것이다. 오타니를 알게 된 시점과도 묘하게 일치한다. 그리고 이제 새로운 꿈이 생겼다.

오타니를 만나고 싶다! 경기장에 찾아가 직관을 하거나, 사인회에 참석하는 식의 만남이 아니라 그를 초청해 인터뷰를 해보고 싶다. 불가능한 꿈일까? 먼 훗날 알게 되겠지. 일단 행동 지침부터 정해보자. 오타니에 대한 덕질이나 공부는 충분히 하고 있고, 뭔가 자격이 있어야 할 것이다. 한국 오타니 팬클럽 회장이라면 어떨까? 괜찮은 것 같다!

내가 나를 믿지 않으면 아무도 나를 믿어주지 않는다

어느 정도 사회생활을 하고 다양한 사람들을 만나다 보면, 자신의 비교우위를 어느 정도 알게 된다. 흔히들 장단점이라고 하는 것들 말이다. 나는 새로운 도전을 별로 두려워하지 않는 편이었다. 아마도 장점이겠지. 그런데 어느 정도 해보고 안 되겠다 싶으면 빨리 포기하는 편이기도 했다. 이건 장점인지 단점인지 애매하다. 판단이 빠르고 미련을 별로 갖지 않는다는 의미에서는 장점일 수도 있지만, 꿈을 끝까지 이뤄내지 못하는 경우가 잦다는 점은 단점이다.

조금 고통스럽지만, 내가 손절한 꿈에 대해 적어본다. 어릴 때 팝 음악 특히 하드록에 미쳐 있었던 나는 로커가 되고 싶었다. 고등학교 때 스쿨밴드를 하면서 노래 가사를 달달 외우고 기타도 열심히 치고 공연도 하곤 했지만, 스스로 재능이 부족하다는 판단을 내렸다. 목소리는 하드록보다 발라드에 더 어울리고, 무대에서 카리스마를 내뿜기에는 다리가 너무 짧고, 기타 실력은 좀처럼 늘지 않았다. 대학에 들어가서도 인디밴드를 하며 간간이 무대에 섰지만, 결국 포기했다. 라디오 피디라는 직업은 꿈을 포기하면서 타협한 대안이었다.

앞에서 말했지만, 소설과 대본을 쓰는 작가의 꿈 역시 타협의 과정을 거쳤다. 글 쓰는 일을 생업으로 삼는 도전 대신, 직업을 따로 갖고 글을 부업으로 쓰는 안전책을 택했다. 주변에서는 이런저런 상까지 안겨주면서 글재주를 인정해주었으나 오히려 내가 나를 의심했다. 꿈을 좇다 실패할까 두려워, 안전한 방법으로 타협한 것이다. 오타니는 어땠을까? 짧은 영상을 보자.

오타니가 실패하고 의심받았던 과정이 평범한 시민들의 목소리로 소개된다. 이 광고를 만들 때를 기준으로, 오타니는

프로에 데뷔한 후 투수로서 647개의 안타를 얻어맞았다. 홈런도 59개나 맞고 281점이나 실점을 당했다. 타자로는 928번이나 삼진을 당했고

득점 기회에 점수를 못 내고 물러난 적은 506번이나 된다. 부상으로 아예 마운드에 서지 못한 날이 692일. 시합에 지고 울었던 적도 자주 있었다. 투수 타자를 모두 해내는 일은 불가능하다고 말리는 사람들은 수없이 많았다. 하지만 자신의 도전이 불가능하다고 생각한 적은 단 한 번도 없었다고, 마지막에 오타니가 직접 말한다.

    나는 이 영상을 보고 눈물을 흘렸다. 비겁하게 떠나보낸 어린 시절 꿈에 미안해져서.
    로커에게 거친 목소리와 큰 키가 정말 필수요건일까? 그럴 리가. 나보다 더 매끈한 목소리를 가진 로커도 많다. 록 역사상 최고의 펑크록 밴드 '그린데이'의 보컬리스트 빌리 조 암스트롱도, 이제는 전설이 된 너바나의 커트 코베인도 나보다 더 작다. 또 전업 작가들은 다 가난할까? 그럴 리가. 많은 이들이 창작을 생업으로 삼아 잘 산다.
    내가 타협을 선택하며 스스로 설득하는 근거로 삼았던 것들은 그저 핑계였다. 물론 내가 다른 길을 택하고 도전했다고 성공했으리라는 보장은 없다. 다만, 너무 많이 자신을 의심했고 너무 빨리 타협했다는 것만은 분명하다.
    빌어먹을 세상은 의심으로 가득하다. 나의 꿈과 도전에 고개를 끄덕여줄 사람은 그리 많지 않다. 부모조차 고개를 젓는 경우가 허다하다. 그러니, 내가 나를 믿어주지 않으면 누가 나를 믿어주겠는가? 믿음이라는 끈이 사라지는 순간, 설렘으로 가득 찬 꿈의 풍선은 잡을 수 없는 곳으로 날아가버린다.

99.9퍼센트의 성공과 실패

박효준이라는 이름이나 호이 팍Hoy Park이라는 별명을 알고 있다면 당신은 상당한 야구팬이 틀림없다. 이 선수는 국내 리그에서는 전혀 뛴 적이 없고 미국에서도 주로 마이너리그를 전전했기 때문이다.

박효준은 오재원, 오재일, 윤석민 등등 국내 선수들과 메이저리거 김하성을 배출한 야구 명문 야탑고등학교를 졸업했다. 학창 시절에는 학교 1년 선배인 김하성보다 더 좋게 평가받았다. 당연히 우리나라 구단에서도 1차 지명을 했지만, 그의 꿈은 메이저리거였다. 그는 국내 리그에서 뛰다가 나이 들어서 넘어가는 것보다, 처음부터 미국에서 도전하는 편이 낫겠다고 결심했다. 그렇게 어린 나이에 최고의 명문구단 뉴욕 양키스와 계약할 때만 해도 박효준의 앞날은 창창해 보였다.

그러나 2015년부터 지금까지 희망 고문처럼 아주 가끔 메이저리그 경기에 콜업될 뿐, 박효준은 마이너리그에서 지난한 세월을 보내고 있다. 10대 소년은 20대 후반의 나이가 되었고, 국가대표로 국제대회에 출전한 일도 없었기에 병역 문제도 해결되지 않았다.

그사이 김하성은 우리나라에서 활약하다가 메이저리거가 되었다. 샌디에이고 파드리스에서 주축 선수로 뛰면서 팬들의 엄청난 사랑을 받고 있다. 특히 2023년 올해 김하성의 활약은 눈부셨다. 아무리 박하게 점수를 매겨도 팀 내 타자 중 3위 안에 든다. 박효준과 마찬가지로 처음부터 미국에서 도전했던 배지환도 세 살 더 어린 나이에 피츠버그 파이리츠 주전 선수로 자리 잡았다. 올해 후반기에는 결장한 기간이 길었지만, 결국 다시 복귀해서 메이저리거로서 첫 시즌을 마무리했다.

이제 박효준에게는 선택지가 별로 없다. 우선 메이저리그를 포기하고 우리나라에 돌아오는 방법이 있다. 이러면 병역을 마치고 30대에 신인선수로 KBO 신인 드래프트를 신청해야 하는데 수요가 얼마나 있을지는 미지수다. 아니면 우리나라 국적을 포기하고 미국 영주권을 따서 병역을 피하고 계속 메이저리그 콜업을 기다리는 방법도 있다. 하지만 최근의 기량이나 나이를 고려할 때 그렇게 더 버틴다고 메이저리그에서

박효준 선수의 99장 한정 바우만 크롬 1ST 오토 카드.

기회를 얻을 가능성은 적어 보인다.

박효준 선수의 카드를 구하고 싶어 알아보았다. 수집가들에게는 관심 밖인 무명의 선수이기 때문에 '바우만 크롬 1st 오토 카드'를 쉽게 구할 수 있었다. 흔히 '바크퍼스트'로 불리는 이 시리즈는 유망주 시즌에만 나오는데 모든 카드 중 제일 높은 가격을 자랑한다. 빛 반사가 영롱한 99장 한정 그린 리프랙터에 POP 수는 1! 점수가 더 좋은 등급 카드도 1장밖에 없다.

카드를 사면서 어쩐지 슬펐다. 이렇게 귀한 카드가 20만 원이 채 안 되다니. 지금 찾아보니 한정수가 없는 박효준 오토 카드는 단돈 만 원(!)에 팔리기도 한다. 만약 이 카드의 주인공이 오타니라면?

오타니는 일본에서 뛰다가 넘어왔기 때문에 바우만 크롬 1st 시리즈가 없다. 대신 바우만 크롬 루키 카드가 최상급에 위치한다. 올 2023년 초에 루키 오토 레드 리프랙터가 거래된 적이 있는데 우리 돈 2억을 넘겼다. 안 믿어지겠지만, 불과 몇 년 전 오타니가 부상으로 시즌을 날리고 부활이 불투명할 때는 겨우(?) 수백만 원에 거래되던 카드다.

그렇다면 박효준은 실패했고 어리석었던 걸까? 인생에는 가정이 없다. 가지 않은 길이 어디로 이어졌을지, 다른 길을 가버린 다음에는 알 수 없다. 박효준이 KBO에서 선수 생활을 시작했으면 어떻게 되었을지는 아무도 모른다. 반대로 일본 리그에서 선수 생활을 하다가 메이저리그로 넘어갔던 오타니가 박효준처럼 고등학교를 졸업하고 바로 미국으로 건너갔더라면 어떻게 되었을지도 알 수 없다. 순서도 다르고 결과도 다르지만, 두 선수의 공통점은 끝까지 자신을 믿고 타협하지 않았다는 것이다.

긴 세월을 마이너리그에서 버티다가 결국 한 번도 메이저리그에서 뛰지 못하는 선수들은 사실 숱하게 많다. 야구를 업으로 삼고 도전하는 선수 중에 메이저리거가 되는 비율은 0.1퍼센트도 되지 않는다. 그렇다면 나머지 99.9퍼센트 선수들은 모두 실패한 것일까?

아주 간혹, 서른이 훌쩍 넘은 나이에 기적적으로 콜업되는 사례가 생긴다. 데뷔 시기가 너무 늦으면 어차피 장기 계약이 힘들지만, 단 한 경기라도 메이저리그에서 뛴다는 그 사실 자체에 감격하는 장면을 종종 볼 수 있다. 2023년 시즌에도 감동의 현장이 펼쳐졌다.

30대 중반쯤으로 보이는 한 선수가 홈플레이트에 들어선다. 나이로 보면 베테랑이라 얼굴이 익숙할 법도 한데, 메이저리그 팬들도 처음 보는 얼굴이다. 해설자는 그를 이렇게 소개한다.

"오늘 메이저리그에 데뷔하는 드루 매지 선수입니다."

갑자기 덕아웃에서 선수들이 모두 구경을 시작한다. 그 속에 배지환 선수도 보인다. 관중들까지 일어서서 슈퍼스타라도 맞이하듯 박수와 함성을 보낸다. 관중석에서 나이 지긋한 부모님이 눈물을 참고 아들의 첫 타석을 지켜보고 있다.

해설자는 드루 매지가 13년 만에 데뷔했다고 한다. 메이저리그에서 뛰고 싶어 마이너리그의 혹독한 현실을 견뎌낸 세월이 무려 13년! 그는, 그의 부모님은 긴긴 세월 어떤 마음이었을까? 메이저리그 역사상 6번째로 늦은 나이에 데뷔한 신인 선수 드루 매지는 과연 안타를 때려낼 수 있을까?

해설자의 마지막 멘트가 내 눈물샘을 자극한다. "이제 이 선수는 영원한 메이저리그입니다."

드루 매지 선수는 감격의 첫 경기 후 인터뷰도 진행했다. 그는 첫 타석에서 당한 삼진이 인생에서 가장 행복한 경험이라고 했다. 그리고 환하게 웃는 얼굴로 야구팬들에게 당부도 잊지 않았다.

"정말로 좋아하는 뭔가가 있다면 절대로, 절대로 포기하지 마세요. 도전 그 자체가 성공이니까요."

박효준도, 오타니도, 이 말에 동의할 것이다. 특히 오타니는 그런 식의 실패를 감당할 각오로 미국에 건너간 장본인이었다.

오타니의 일본 시절 소속팀 감독이자 WBC 일본 대표팀 감독이기도 했던 구리야마 히데키가 밝힌 에피소드가 있다. 일본에서 최고의 스타가 된 상황에서 굳이 메이저리그에 도전하겠다는 오타니에게 왜 꼭 그래야 하는지 물어보았다. 감독인 자신을 설득해보라고. 성공 가능성에 대한 오타니의 생각이나 확신을 듣고 싶어서 한 말이었다. 그러나 오타니가 준 대답은 예상과 완전히 달랐다.

"성공이냐 실패냐는 중요하지 않아요. 도전해보는 게 중요해요. 메이저리그라는 무대에서 이도류 선수로 뛰겠다는 도전, 그 자체가 중요한 거라고요."

끝내 성공하지 못한 도전도 아름답다. 도전해보지도 못했거나 중간에 포기한 사람들이 감히 가질 수 없는 귀한 경험이다. 불가능한 과업에 도전했다가 끝내 실패하는 비극성이 문학적 의미에서 영웅의 원형이라는 점을 생각해보면, 그들의 실패한 도전은 영웅적이기까지 하다.

5장
오타니의 눈부신 순간 17

오타니가 타석에 들어서고 장내 아나운서의 목소리가 울려 퍼진다.
"지명타자, 등번호 17번! 쇼헤이 오타니!"
오타니는 심판과 상대 포수에게 가볍게 눈인사를 건네고 타격 자세를 취한다. 순한 얼굴에 미소가 사라지고 차분해진다. 키 193센티미터 몸무게 100킬로그램의 거구는 오직 한순간을 위해 온몸의 근육을 긴장시킨다.
마운드의 투수는 쉽게 좋은 공을 던지지 못한다. 자칫하다가 공이 외야 펜스 위로 넘어가 찾을 수 없게 되어버리니까.
첫 번째 공은 헛스윙을 유도하는 바깥쪽 아래 체인지업. 오타니는 움찔하는 배트를 참아낸다. 먹잇감을 기다리는 맹수처럼 다음 투구를 노려본다. 그다음 공은 한가운데로 들어오는 듯하다가 안쪽 아래로 떨어지는 백도어 슬라이더. 이 공에도 오타니는 꿈쩍하지 않는다.
유인구들이 실패하고 불리한 볼카운트에

몰린 투수는 정면승부를 택한다. 자신이
가진 최고의 공을 던지기로 마음먹고,
시속 160킬로미터의 빠른 공을 높은
코스로 꽂는다. 맞더라도 파울이 나오도록
스트라이크 존 상단으로 잘 던졌다. 이때다.
잔뜩 웅크렸던 오타니의 몸이 회전하고
배트는 공을 때린다.
공이 쪼개지는 것 같은 소리가 경기장에
울려 퍼진다. 야구의 신이 강림했음을
알리는 종소리 같다. 열광하는 관중 속으로
공은 쭉쭉 뻗어간다. 무려 150미터! 2023년
메이저리그에서 나온 홈런 중 가장 큰
홈런이다.
우리가 익숙한 오타니의 모습이다.
메이저리그 S급 타자인 동시에 S급 투수.
지금껏 그 어떤 선수도 보여주지 못한
위대한 모습. 오타니는 처음부터 화제의
중심에 있었지만 이런 완성형은 아니었다.
지금의 오타니가 있기까지 오타니의 결정적
순간 17개를 뽑아보았다.

#1 까까머리 야구소년, 니혼햄에 입단하다

고등학교를 졸업할 무렵, 이미 오타니는 일본 야구팀들이 눈독 들이는 특급 유망주였다. 그러나 오타니는 바로 메이저리그로 직행할 생각이어서, 괜히 자기를 지명해 드래프트 지명권을 낭비하지 말라고 기자회견까지 한다. 이때 니혼햄 파이터스에서 변칙 플레이를 시도한다. 일단 오타니를 1순위로 지명해놓고 그를 설득하기 시작했다. 선 지명 후 설득.

'오타니 쇼헤이 군, 꿈을 향한 길잡이.' 당시 니혼햄에서 오타니를 설득하기 위해 만든 자료집 제목이다. 고등학교를 졸업하고 곧장 메이저리그로 가는 것보다, 일본 리그에서 어느 정도 경력을 쌓고 좋은 대우를 받으면서 미국에 진출하는 편이 낫다는 내용이었다. 그리고 훗날 야구의 역사를 바꿔놓을 제안이 그 안에 있었는데, 바로 '이도류' 플랜이다. 오타니는 투수와 타자 모두 재능이 매우 뛰어나니, 프로 무대에서도 양쪽 포지션 모두 시도해보자는 것.

오타니는 니혼햄의 정성 어린 설득에 넘어갔고, 2012년 크리스마스 날에 입단 기자회견이 열렸다. 그의 등번호는 11번. 니혼햄에서 뛰다가 메이저리그로 가서 특급 투수가 된 다르빗슈 유의 번호를 받았다.

#2 기록의 사나이, 한 경기 16개 탈삼진

2014년 7월 9일, 오타니는 한 경기에서 무려 16개의 삼진을 잡아내는 괴력을 선보였다. 9회까지 완투하면서 거의 매회 두 타자씩 삼진을 잡아야 가능한 무지막지한 기록이다.

우리나라에서는 류현진의 17개 탈삼진 기록이 역대 1위다. 선발투수가 연장전 넘어가서 12회, 13회까지 던졌던 (안 믿어지겠지만 그땐 그랬다) 야만 혹은 낭만의 시대까지 포함하면 1991년에 선동열이 무려 연장 13회까지 던지면서 18개 탈삼진으로 1위, 1995년 김상진이 연장 12회까지 17개로 류현진과 공동 2위. 그 셋 외에 한 경기 16개 넘는 삼진을 잡은 투수는 없다. 외국인 투수의 최다 기록은 SSG 윌머 폰트의 14개.

메이저리그에서도 선발투수 시스템이 정착된 이래 한 경기 16탈삼진 경기는 좀처럼 보기 힘들며, 역대 기록인 구단도

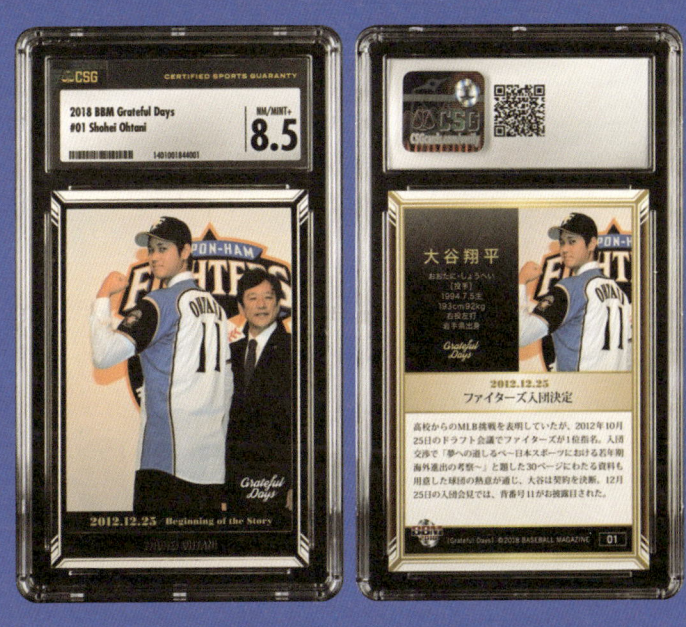

오타니의 니혼햄 파이터스 입단식 장면이 담긴 카드. 흐뭇한 표정으로 옆에 서 있는 아저씨가 당시 니혼햄 파이터스 감독이자 2023년 WBC 일본 대표팀을 이끌었던 구리야마 감독이다.

많다. 오타니 본인도 메이저리그에 가서 매년 최다 탈삼진 선두권을 지키면서도 16탈삼진 기록은 깨지 못했다. 아무리 매번 한계에 도전하는 오타니라고 해도 앞으로 깨지 못할 본인 기록 중 하나일 것 같다.

투웨이 플레이어로서 오타니의 모습이 더욱 경이로운 이유는 그의 플레이 스타일 때문이다. 먼저 투수로서 그는 중간계투나 마무리가 아닌 선발투수다. 그리고 땅볼이나 뜬공을 유도해 맞춰 잡는 스타일이 아니라 불같은 강속구와 현란한 변화구로 매 경기 많은 수의 삼진을 잡는 스타일이다. 또 타자로서 그는 출루를 목표로 안타를 자주 치는 스타일이 아닌 홈런 타자다. 커리어 통산 타율도 2할 후반대이니 상당히 좋은 편이지만, 오타니의 진면목은 0.9를 훌쩍 넘는 OPS에서 알 수 있다. 삼진으로 이닝을 끝낼 때 주먹을 불끈 쥐고 포효하는 모습이나 홈런을 치고 배트를 던지는 모습이 자주 나오는 이유도 그래서다.

이번 2023년 시즌에도 오타니는 아메리칸 리그에서 가장 많은 홈런을 때려 홈런왕을 차지했고, 투수로도 167개의 삼진을 잡았다. 먼 훗날, 오타니가 메이저리그를 떠날 때 누적 홈런과 탈삼진 개수가 몇 개일지 정말 궁금해진다.

#3 일본의 베이브 루스

메이저리그 역사상 한 시즌 10승 이상을 거두면서 10개 이상 홈런을 때린 선수는 베이브 루스뿐이었다. 그런데 2014년 9월 7일, 일본의 어린 선수가 그 기록을 달성했다. 요즘이야 30개, 40개 넘는 홈런을 매 시즌 때려내고 10승을 넘어 15승도 거두는 오타니가 익숙해졌지만, 당시 10승 10홈런은 큰 충격이었다.

우리나라 야구팬들도 오타니가 처음 메이저리그에 이도류로 진출한다고 했을 때 10승 10홈런만 기록해도 대성공이라고 했다. 나 역시 그랬고. 그 정도만 해도 MVP를 받을 수 있다는 야구팬들도 적지 않았다. 그만큼 투웨이 플레이어의 성공은 어려운 일이다.

2018년 오타니의 메이저리그 데뷔 시즌이 시작되기 전에 누가 이런 말을 했더라면?

"오타니는 몇 년 뒤에 투수로 15승을 거두고 타자로 30개 넘는 홈런을 때릴 거야. 한 시즌에."

야구를 전혀 모른다며 무시당했을 것이다.

베이브 루스 이후 100년 만에 투수로 10승, 타자로 10홈런 이상을 한 시즌에 달성한 업적을 기념하는 카드. 일본 리그에서도 처음 있는 일이었다. 몇 년 후, 메이저리그로 건너간 오타니는 15승 30홈런, 10승 40홈런 시즌을 연달아 기록한다.

#4 에이스로 성장하다

2015년은 투수로서 오타니의 기량이 만개한 해였다. 이미 2014년에 11승 4패를 거두고 평균자책점 2.61이라는 에이스의 모습을 보여준 그는 2015년에는 아예 리그 최다승, 최저 평균자책점을 기록했다. 15승 5패, 평균자책점 2.24, 승률 0.750. 압도적인 성적으로 이른바 투수 3관왕을 차지했다. 삼진 수도 196개. 메이저리그였다면 사이영상 Cy Young Award 을 받고도 남을 시즌이었다. 고졸 3년 차인 점을 생각하면 더욱 놀랍다.

국제대회인 프리미어12에 출전해 우리 국가대표팀을 완전히 갖고 놀았던 해가 바로 2015년이다. 일본 정규시즌의 성적을 보면 고개가 끄덕여진다. 나이는 어렸지만, 이미 물이 오를 대로 오른 에이스였다.

#5 멱살 잡고 하드캐리 - 일본 시리즈 우승

2016년에도 오타니는 대활약을 이어갔다. 타자로서 22개의 홈런을 때렸고, 투수로서는 규정 이닝 수에서 딱 3이닝 모자라 기록은 인정받지 못했지만, 무려 1점대 평균자책점을 기록했다.

오타니의 소속팀 니혼햄 파이터스는 포스트시즌에 진출해 퍼시픽리그 우승을 놓고 소프트뱅크와 5차전을 치렀다. 오타니는 에이스답게 1차전 선발투수였다. 7이닝, 1피안타, 6K 무실점으로 승리투수! 타자로도 2번 타석에 들어서 안타를 때리고 득점을 올렸다. 4차전에서도 지명타자로 출전해 2타점을 올리는 2루타를 쳐냈다. 그리고 마지막 5차전이 전설의 경기로 남았다.

오타니는 지명타자로 출전해 안타를 치고 득점을 올렸다. 그런데 9회 초 마무리투수로 마운드에 올랐다. 바로 이날, 오타니는 일본 열도를 경악시킨 시속 165킬로미터 직구를 던져 일본 야구 최고 구속 기록을 경신했다. 아, 그 직전 기록 보유자도 오타니였다.

다시 봐도 소름 돋는 그 순간, 오타니를 이해하기 위해 반드시 봐야 할 장면이다. 우리말 자막이 들어 있는 영상으로 보자. 공을 하나씩 던질 때마다 구속이 점점 올라가면서, 해설자도 할 말을 잊고 경기장을 가득 메운 관중도 미쳐버리는 모습이 아주 장관이다. 일본 야구 역사 최고의 명장면을 꼽으면 다섯 손가락 안에 꼽힐 장면.

니혼햄 파이터스는 소프트뱅크를 꺾고 퍼시

픽리그 우승팀으로 일본 시리즈에 진출했다. 상대는 히로시마 도요 카프. 오타니는 1차전에서 선발투수로 나섰고, 3차전에서는 팽팽하게 연장전까지 이어진 승부에서 10회 말 끝내기 안타를 때려 팀에 승리를 선사했다. 결국 니혼햄 파이터스는 10년 만에 일본 시리즈를 우승했다.

#6 박수칠 때 떠나라

팀을 일본 시리즈 우승으로 이끈 오타니 쇼헤이는 선수로서도 최고였고 광고계에서도 최고의 몸값을 자랑하는 모델이었다. 인기는 말할 것도 없었다. 일본에서 더 증명할 건 없어 보였다.

어린 나이에 너무 무리했던 걸까? 이듬해인 2017년은 쉼 없이 달려온 몸이 여기저기 탈 나면서 시작되었다. 정규시즌이 시작되기도 전인 WBC 대표팀 평가전에서 발목을 다쳤다. 부상 때문에 WBC 대표팀에 합류할 수 없었던 오타니는 몹시 실망했다. 이때 분했던 마음을 2023년 WBC에서 몇 배로 되갚은 걸지도 모르겠다.

부상에서 회복한 오타니는 니혼햄 파이터스의 정규시즌

홈 마지막 경기에 선발투수 겸 4번 타자로 출장했다. 일본에서 치르는 마지막 경기에 걸맞게, 무려 124구(!)를 던지며 10개의 삼진을 잡고 단 2개의 안타만 허용하는 완봉승을 거두었다. 타자로도 4타수 1안타를 기록해, 한층 강력해진 이도류 파워를 보여주었다.

시즌이 끝나고 오타니는 예상대로 메이저리그 진출을 선언했다.

일본이나 우리나라 리그 선수가 메이저리그에 진출하려면 두 가지 방법이 있다. 하나는 포스팅, 하나는 자유계약(FA). 포스팅은 선수를 원하는 메이저리그 구단들이 비공개 입찰을 통해 경쟁해야 하고, 입찰을 따낸 팀은 니혼햄에 돈을 주고 오타니를 데려가야 한다. 선수는 계약금에 제한이 생긴다. 반면, 자유계약은 선수 입장에서 포스팅보다 많은 돈을 받고 진출할 수 있지만 규정상 자국 리그에서 일정 기간을 채워야 한다.

문제는 두 방식으로 받을 수 있는 연봉 차이가 너무 크다는 것이다. 2017년 당시 오타니 급의 선수가 자유계약으로 기대할 수 있는 연봉은 최소 천만 달러 이상이고 장기계약으로 1억 달러 이상인데, 포스팅으로 가게 되면 25세 미만 외국 선수는 첫 해 최저 연봉만 받아야 한다는 메이저리그 규정이 있

이제 우리가 헤어져야 할 시간. 넥타이 색깔이 특이하게도 보라색이다. 니혼햄 파이터스의 푸른색과 LA 에인절스의 붉은색을 섞은 색으로 골랐다고 한다. 2012년 크리스마스에 입단식이 있었고, 2017년 크리스마스에 고별식을 치렀다. 정확히 5년 만에 오타니는 일본 야구의 최고 스타로 은퇴했다.

어 54만 달러가 상한선이었다. 오타니가 자유계약 신분이 되려면 일본 리그에서 2년을 더 뛰어야 했다.

당신이라면 어떤 선택을 하겠는가? 이미 최고의 스타로 군림하는 일본 리그에서 2년 더 뛰고 1억 달러 이상 장기계약을 받으며 메이저리그로 건너갈까, 돈과 인기와 편안함을 다 포기하고 당장 54만 달러 연봉만 받고 갈까? 나라면 고민도 없이 전자다. 그러나 오타니는 후자였다.

#7 준비된 슈퍼스타

오타니는 미국에 건너오자마자 엄청난 관심을 받았다. 실력도 실력이지만, 투수와 타자를 모두 하겠다는 투웨이 선언이 컸다. 야구 역사상 유일한 투웨이 플레이어였던 베이브 루스를 신처럼 모시는 미국 야구팬들에게 곱상하게 생긴 일본 청년의 도전이 얼마나 흥미로웠을까.

오타니의 시범경기 성적은 최악이었다. 팬들의 우려와 회의론자들의 비웃음이 뒤섞여 쏟아졌다. 오타니를 아니꼽게 보던 사람들은 저주를 서슴지 않았다.

야구 관계자들은 물론이고 팬과 안티의 시선을 한 몸에 받으며 오타니는 메이저리그 첫 경기(원정) 첫 타석에 들어섰다. 결과는 안타! 그리고 홈구장에서 열린 첫 경기에서 홈런! 내친김에 3경기 연속으로 홈런을 때려내며 모두를 충격에 빠뜨렸다.

투수로서 보여준 기량도 압도적이었다. 100마일을 넘나드는 강속구로 쉴 새 없이 삼진을 잡아내는 모습에 팬들은 매료되었고, 충격받은 기자들의 리포트가 잇따랐다. 그들의 신 '베이브 루스'의 이름을 누군가 감히 꺼냈고, 그 뒤로 오타니 뉴스에 베이브 루스의 이름이 심심찮게 등장하기 시작했다.

오타니는 데뷔 시즌이었던 2018년에 아메리칸 리그 신인상(Roy, Rookie of the year)을 받았다. 타자로는 22개의 홈런을 때리고 투수로는 4승 2패를 거두었다. 신인상을 받고도 남을 성적이었다.

#8 지금 할 수 있는 일에 최선을 다하자

2019년에 오타니는 부상으로 제대로 뛰지 못했다. 팔꿈치 수술로 투수로는 아예 나서지 못했고 나중에 무릎 수술까지 받아야 했다. 2020년에는 코로나 때문에 메이저리그 자체가 아예 시즌을 절반 이하로 단축해버렸다. 신인상을 받으며 화려하게 데뷔했던 오타니에 대한 기대가 충만했던 팬들에게 2년의 침체기는 너무 길었다. 실망감도 컸다.

그러나 오타니는 몸 상태도 리그의 분위기도 정상인 아닌 상황에서 대충 시간을 보내지 않았다. 투수로 나오지 못하는 대신 타자로는 가능한 최대한 많은 타석에 들어섰다. 타자로서 컨디션이나 성적도 기대 이하였지만, 절망하고 포기하지 않았다. 그 와중에 기록한 히트 포 더 사이클(한 경기에서 1, 2, 3루타와 홈런을 모두 치는 것)은 오타니의 집념을 보여준 순간이었다.

#9 홈런타자 오타니

오래 기다리셨습니다. 2년 동안 우려와 비하의 대상이었던 오타니는 2021년 시즌이 시작되자마자 폭발했다. 그냥 잘 치는 정도가 아니라 메이저리그 전체 홈런왕 경쟁에 일찌감치 뛰어들었다. 이 시즌 전까지만 해도 오타니의 이미지는 투웨이라는 특별함이 거의 전부였는데, 홈런타자로서도 이름을 알린 시즌이 되었다. 비거리도 대단해서 야구를 잘 모르는 사람이 봐도 입이 딱 벌어지는 장면을 자주 연출했다.

돔구장인 탬파베이 레이스의 홈구장에서 때
린 홈런은 관중석을 넘어 지붕 아래 조명 시설을
때려버렸다. 영상 1분쯤 지나 등장한다. 그걸로
끝이 아니었다. 초대형 홈런을 때린 거포가 다음 타석에서는
번트를 대고 전속력으로 달려 1루에 안착한다.

오타니는 2021년 시즌에 470피트짜리 홈런
을 때린 적도 있다. 미터로 따지면 143미터가 조
금 넘는 거리. 장타자로 평가받는 선수 중에서도
평생 이 정도 홈런은 못 쳐보고 은퇴하는 선수들이 허다하다.
2021년 시즌 에인절스팀에서 나온 가장 큰 홈런이자 오타니
본인의 최장 거리 홈런이기도 했다.

오타니의 최장 거리 홈런으로 남아 있던 이
홈런은 두 번째로 밀려난다. 메이저리그 2023년
시즌에 나온 가장 큰 홈런이자 1960년대에 지어
진 에인절스 홈구장 최장 거리 홈런이 된 2023년 시즌 30호
홈런을 감상해보자. 무려 493피트, 150미터!

비거리로 보자면 다섯 손가락에 못 꼽히지만, 개인적으로 제일 압도당했던 홈런은 따로 있다. 시애틀 매리너스의 홈구장 4층(!)까지 날아간 홈런이었다. 공식기록으로는 463피트. 팬들은 물론이고 전문가 중에서도 비거리 측정이 잘못되었다고 하는 사람들이 있었는데 직접 영상을 보고 판단해보시기를. 내가 보기에는 500피트는 너끈히 될 듯. 너무 빨리 너무 멀리 날아가서 중계 카메라가 공을 놓치고, 충격 받은 동료 선수들이 머리를 감싸 쥐는 장면도 재밌다. 1분 20초부터.

#10 타타니? 투타니가 낫지!

오타니 팬들은 종종 타자 오타니는 타타니, 투수 오타니를 투타니라고 부른다. 46개의 홈런을 때린 2021년이 타타니의 해였다면, 최고의 투수에게 주는 사이영상 5명 후보에 들었던 2022년은 투타니의 해였다. 명품 투구를 보여준 경기가 정말 많았는데 그중에서 그해 월드시리즈를 우승할 정도로 강팀이었던 휴스턴 애스트로스를 상대로 6이닝까지 안타 볼넷 하나 없이 12개의 삼진을 잡으며 퍼펙트를 이어갔던 경기가 나에겐 최고였다.

이 경기에서 오타니는 처음 마운드에 오를 때부터 유니폼이 더러워져 있었다. 1회 초 공격에서 안타를 치고 슬라이딩하고 점수를 뽑고, 이미 타자로 활약한 후 마운드에 섰기 때문이다. 다른 투수들의 경우, 늘 깨끗한 유니폼으로 첫 공을 던진다. 과격한 수비를 하느라 슬라이딩이라도 하지 않는 이상, 투구를 마칠 때까지 투수 유니폼이 더러워질 일은 거의 없다. 그래서 흙 묻은 투수 유니폼은 오타니의 또 다른 상징이 되었다. 이런 낭만이 또 어디 있을까?

2022년 투수 오타니의 성적은 눈부셨다. 28경기에 등판해 15승 9패. 219개의 삼진을 잡으며 2.33이라는 놀라운 평균자책점을 기록했다. 어느 구단에 있더라도 에이스로 대접받을 실력이었다. 특히 9이닝당 탈삼진 비율은 리그 최고 수준. 삼진을 잡으며 이닝을 끝낼 때 포효하는 모습도 그의 트레이드 마크가 되었다.

빛 물결이 출렁거리는 효과의 웨이브 리프랙터. 2021년 스타디움 클럽 시리즈 크롬 카드. 오타니의 포효하는 모습이 담긴 카드 중에서 제일 좋아하는 카드다. 상태 좋은 카드가 많지 않아 POP 수가 6장.

#11 오타니의 정신 나간 이틀

내가 붙인 말이 아니라, 메이저리그 공식 유튜브에서 만든 하이라이트 영상 제목이다.

때는 2022년 6월 23일. 캔자스시티 로열스와의 경기에서 오타니는 홈런 2개와 안타, 희생플라이까지 때려내면서 혼자서 8점을 올렸다. 특히 10대 7로 지고 있던 9회 말에 주자 2명이 나가 있는 상황에서 때려낸 3점 홈런은 영양 만점 쾌감 만점. 8점은 오타니의 한 경기 최다 타점 기록이기도 하다.

충격적인 사실. 에인절스는 그 경기에서 졌다. 한 선수가 혼자 8점이나 뽑아줬는데도 팀이 경기에서 진 일은 메이저리그 역사상 처음이었다.

바로 다음 날, 오타니는 마운드에 올랐다. 선발투수 오타니의 투구는 숨 막혔다. 8이닝까지 13개의 삼진을 잡으며 무실점으로 상태 타선을 틀어막았다. 타자로도 안타를 때리며 2번 출루한 건 덤. 혼자서 8점을 올리고도 팀 승리를 맛보지 못했던 오타니는 8이닝 무실점 투구로 팀에 기어코 승리를 안겨주었다.

투웨이 선수로서 오타니의 절정을 담은 하이라이트 영상을 보자.

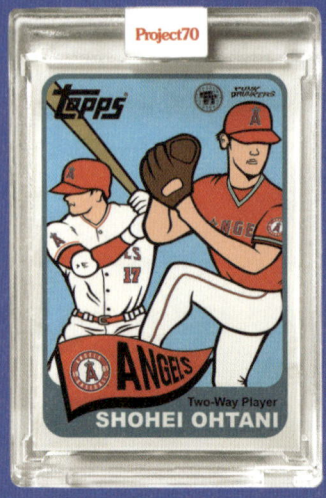

투수와 타자 오타니를 합성 디자인한 카드들.

2021년 TOPPS에서는 70주년을 맞이해 'PROJECT 70' 시리즈를 내놓았다. 일러스트, 카툰, 애니메이션, 그래피티 등등 다양한 분야에서 활약하는 유명 작가들과 협업했다. 홈페이지에서 미리 받은 주문량만큼만 카드를 제작해 배송하고, 랜덤으로 카드마다 70장의 포일 카드를 넣어주었다. 모든 카드는 아니지만 선수의 친필 사인이 들어간 오토 카드도 일부 제작해 역시 선주문으로 판매했다.

시즌 내내 카드가 나왔는데 하필 2021년이 오타니가 폭발했던 시즌이라 오타니 카드가 가장 많이 제작되었다. 당연히 투웨이라는 오타니의 특성을 창의적으로 담아낸 카드들이 많았다. 단순한 사진이 아니라 팝아트 작품이라고 할 만했다. 사진 찍는 재미도 좋았다.

한 장 두 장 사 모으다 보니 욕심이 생겼다. 한번 다 모아볼까. 특정한 시리즈의 특정 선수 카드를 다 모으는 풀셋! 오타니 박물관의 또 다른 자랑이다. 오타니 친필 사인만 모아놓은 곳에 따로 놔둔 오토 카드가 화룡점정!

오타니 박물관에 있는 TOPPS의 'PROJECT 70' 시리즈 카드.

#12 오타니의 유일한 약점?

오타니의 주력은 메이저리그 최상위권이다. 벌크업으로 덩치가 커진 요즘도 상위 10퍼센트 안에는 너끈히 들어간다. 빠른 발에 비해 도루 성공률은 그리 높지 않은 편인데 그 이유는 두 가지. 도루 센스가 떨어지기도 하고, 투수이기 때문에 손을 보호하기 위해 헤드 퍼스트 슬라이딩을 할 수 없기 때문이다. 사실 투수가 도루할 상황 자체가 거의 없긴 하다.

많은 이들이 도루는 자제하라고 하지만, 오타니는 멈출 생각이 없어 보인다. 46개의 홈런을 때려냈던 2021년 시즌에는 26개 이상의 도루를 기록했다. 자신의 빠른 발을 자랑하기 위해서가 아니라 팀에게 승리를 안겨주고 싶어서다. 지금 이 자리에서 내가 할 수 있는 최선을 다하겠다는 마음이 주자 오타니를 뛰게 하는 것이다. 정말이지 배울 게 너무 많다니까!

그 결과, 오타니는 팀에서 가장 많은 홈런을 치는 타자이자 가장 많은 승리를 올리고 가장 많은 삼진을 잡는 투수이자 가장 많은 도루를 성공시키는 주자로 몇 시즌을 보내고 있다.

양키스 상대 경기에서 그냥 도루도 아니고 3루까지 나가 있던 오타니가 홈베이스를 훔치는 장면을 감상해보자.

 홈런이나 삼진쇼가 아닌 안타와 주루로 팀에 역전승을 안겨주는 오타니의 짜릿한 순간!

#13 아직 한창인 선수가 공로상을?

2021년 시즌 오타니는 아메리칸 리그 MVP를 수상했다. 역대 11번째 만장일치 수상자였다. 이번 2023년 시즌도 오타니는 MVP를 만장일치로 받아, 만장일치 MVP를 2번 받은 메이저리그 역사상 최초의 선수가 됐다. 2021년 내셔널리그 MVP는 브라이스 하퍼였다. 오타니가 메이저리그에 진출할 때 가장 좋아하는 타자로 꼽은 선수이기도 하다. 자신의 우상과 나란히 최고의 선수로 뽑힌 것.

지금까지 오타니가 받은 상은 MVP 말고도 너무 많아서 다 적기도 어려운데, 메이저리그 공로상은 특기할 만하다. 정식 명칭은 '역사적 공로상(Historic Achievement Award)'인데 매년 누군가가 받는 상이 아니고 특별한 업적이 나왔을 경우만 수여한다. 지금까지 15번밖에 없고 오타니 이전 마지막 수상자가 뉴욕 양키스의 영원한 캡틴 데릭 지터라는 점을 생각하면 상의 무게를 알 수 있다.

메이저리그 사무국은 은퇴를 하는 것도 아닌 이제 겨우 4년 차 젊은 선수에게 공로상까지 주는 이유에 대해 이렇게 밝혔다.

"오타니의 2021년 시즌은 충격적이었고, 전례가 없었다."

#14 제2의 베이브 루스가 아닌 오타니, 그 자체

오타니가 등장하기 전까지 베이브 루스는 한 시즌에 투수로 10승과 타자로 10개 이상의 홈런을 때린 유일한 선수였다. 1918년 시즌, 베이브 루스는 투수로 13승, 타자로 11개의 홈런을 쳤다. 그 이후로 두 자리 승수와 홈런은 투웨이 선수의 한계처럼 설정되어 있었다. 심지어 2021년 시즌의 오타니조차 홈런은 46개나 때렸지만 투수로 9승 2패를 거두면서 이 기록은 깨지 못했다.

아쉬움을 남기고 2022년 시즌이 시작되었다. 타자 오타니는 여전히 펑펑 홈런을 때려냈고 투수 오타니는 한층 압도적인 투구로 타자들을 틀어막았다. 그리고 2022년 8월 10일, 선발투수로 나선 경기에서 시즌 10승을 거두면서 마침내 두 자리 승리와 홈런을 동시 달성했다. 홈런은 이미 그 경기 전까지 24개였는데, 시즌 10승을 달성한 경기에서 타자로도 2안타 1홈런 1볼넷 1타점 2득점으로 맹활약하며 대기록 달성을 자축했다.

2022년 시즌 최종 성적은 타자로서 34개의 홈런을 때렸고 투수로서 15승 9패 2.33의 평균자책점을 거두었다. 투웨이 선수로서 베이브 루스의 11홈런 13승 기록을 아득하게 넘겨버린 것이다.

이렇게 비현실적인 성적을 거둘 수 있었던 이유는 규정 타석과 규정 이닝 수를 모두 채울 정도로 자주 경기에 나왔기 때문이다. 메이저리그 역사상 규정 타석과 규정 이닝을 함께 채운 선수는 오타니가 처음이었다. 이건 잘하고 못하고의 문제가 아니라 가능과 불가능, 인간의 한계를 논할 만큼 어려운 일이었다. 그리고 당연히 어느 시즌에 갖다 놓더라도 너끈히 MVP를 받아야 할 성적이었다.

그러나 2022년 아메리칸 리그에는 미쳐버린 애런 저지가 있었다. 오타니 못지않은 홈런 타자인 그는 아메리칸 리그 단일 시즌 홈런 기록인 62개를 때려내고 MVP를 차지했다.

당시 오타니와 애런 저지 둘 중 누가 MVP를 받는 것이 옳으냐는 논쟁이 정말 뜨거웠다. 비록 오타니 열성팬이지만 나는 애런 저지가 그해 MVP라고 생각한다. 다만, 오타니의 두 자리 승수 홈런과 규정 타석 규정 이닝 동시 달성 기록은 단일 시즌 62개 홈런 기록보다 훨씬 더 위대한 기록이라고 생각한다. 어느 기록이 먼저 깨질까. 혹은 영원히 안 깨질지도 모르겠다.

오타니가 때린 홈런을 외야수 애런 저지가 훔쳐낸 적도 있었다. 애런 저지의 키는 2미터가 넘어 메이저리그 타자 중 가장 크다. 펜스 위로 완전히 넘어가는 홈런이었으니, 애런 저지가 평균적인 사이즈의 외야수였다면 잡지 못했을 것이다.

신이 난 저지의 표정과 아쉬워하는 오타니의 표정 그리고 흥분한 해설자들까지, 오타니 팬으로서는 속상하고 야구팬으로서는 완벽한 순간이다.

음. 이게 처음이 아니었다. 애런 저지, 손버릇이 안 좋네.

물론 오타니가 투수로 애런 저지에게 삼진을 잡기도 하고, 반대로 애런 저지에게 홈런을 맞기도 했다. 앞으로도 둘 사이의 라이벌전이 계속되기를.

#15 도쿄돔을 날려버린 홈런

2023년 시즌이 시작되기 전, 월드 베이스볼 클래식World Baseball Classic이 개최되었다. 축구의 월드컵에 비해 인기가 많이 떨어지는 WBC지만, 이번 대회만큼은 분위기가 완전히 달랐다. 예전 대회에서는 메이저리거 스타들이 참가를 꺼린 데 반해, 이번에는 역대급으로 많은 메이저리거가 참가를 선언했다. 그 결과 정규시즌 못지않은, 어쩌면 단판 승부로서의 긴장감은 더 쫄깃한 명경기들이 예고되었다.

미국 대표팀은 마이크 트라웃, 무키 베츠, 폴 골드슈미트 등 타선이 막강했다. 도미니카는 2022년 사이영상 수상자인 샌디 알칸타라를 앞세운 투수진이 숨 막혔다. 베네수엘라와 멕시코, 푸에르토리코 역시 현역 메이저리그 스타들로 팀을 꾸려 밀리지 않았다.

일본 대표팀의 얼굴은 당연히 오타니였다. 메이저리그 다르빗슈나 일본 리그 홈런왕 무라카미와 괴물 루키 사사키 로키 같은 선수들도 있었지만, 막상 대회가 시작되자 오타니에게 모든 스포트라이트가 몰렸다. 특히 일본에서 오타니의 존재는 신이나 다름없었다. 당시 일본에 취재하러 갔던 동료들 이야기를 들어보면, 거리에는 오타니 광고가 즐비하고 방송에서는 하루 종일 오타니 이야기를 해서 오타니의 나라인가 싶었다고.

정작 오타니는 인기를 누리는 데 관심 없었다. 그는 그저 전력을 다해 뛰었다. 그리고 투타 양쪽에서 최고의 화력으로 팀을 승리로 이끌었다. 예선 첫 경기부터 선발투수로 출전해 무실점으로 막아내고, 호주전에서는 자신이 모델인 광고판으로 홈런 타구를 날려 보냈다. 다시 봐도 말이 안 나오는 대단한 홈런이었다. 도쿄돔을 가득 메운 관중의 열기는 이러다가 도쿄돔이 터져버리지 않을까 싶을 정도.

#16 막내에서 리더로

야구계의 변방국으로 선수들이 출판사 직원, 회계사, 소방관, 의사 등등 전부 생업을 따로 가진 아마추어들이었던 체코 대표팀은 WBC 시작 전부터 화제였다. 오직 야구를 향한 열망 하나로 먼 길을 와서 참전한 체코 대표팀은 의외의 선전을 했는데, 타자 오타니를 삼진으로 돌려세우고 가문의 영광이라며 환호하기도 했다. 물론 경기 결과는 일본의 대승이었지만, 반

체코 대표팀과의 경기가 끝난 뒤 오타니가 SNS에 올린 게시물과 이후 관련 게시물.

최근 이베이로 구한 체코 대표팀 모자. 오타니 박물관에서 같이 전시해두었다.

전이 있었다.

오타니가 SNS에 체코 대표팀 사진을 올리며 그들의 열정에 경의를 표한 것이다. 이 사진을 본 체코 감독과 선수들은 감동과 흥분에 밤잠을 설쳤고 몇몇은 눈물을 흘리기도 했다. 체코 감독은 인터뷰에서 오타니에게 진심 어린 고마움을 표했다. 동화 같은 이야기는 이게 끝이 아니었다.

체코 선수들은 오타니의 사인을 간절히 원했는데, 그 사실을 알게 된 오타니가 공과 배트에 사인을 해주고 유니폼까지 교환한 것이다. 앞의 사진 속 인물이 오타니를 상대로 삼진을 잡은 체코 대표팀 투수. 그리고 예선전이 다 끝난 뒤 준결승을 치르기 위해 미국으로 건너갈 때 오타니는 체코 대표팀의 모자를 쓰고 공항을 빠져나왔다.

이 사진이 뉴스에 소개되자마자 체코 대표팀 모자가 불티나게 팔리기 시작했다. 그리고 며칠 후 체코 야구협회에서 글을 올렸다. "우리 대표팀 모자가 품절되었음을 알려드립니다. 모든 사이즈의 모자가 다 팔렸습니다. 이것은 미친(Crazy) 일입니다."

오타니가 실질적인 리더로 일본 대표팀을 이끌게 된 시기도 이즈음이다. 나이도 경력도 훨씬 더 많은 다르빗슈가 있었지만(둘은 아홉 살 차이) 슬쩍 뒤로 빠져주고, 오타니가 다른 선수들을 이끄는 장면이 자주 눈에 띄기 시작했다. 준결승전에서 보여준 오타니의 모습은 이런 분위기를 반증한다.

강팀 멕시코를 맞아 고전하던 일본은 5 대 4로 패색이 짙어진 상황에서 9회 말 마지막 공격 기회를 맞이한다. 첫 타자가 마침 오타니. 그는 거짓말처럼 외야로 안타를 날려 보내고 미친 듯이 달린다. 헬멧까지 집어 던지고 2루로 폭풍 질주! 베이스를 밟은 그는 팀 동료들을 향해 소리친다. "얘들아! 아직 경기는 끝나지 않았어! 우리는 할 수 있어!"

오타니 다음에 나온 타자 요시다는 볼넷을 얻고 1루를 채운다. 그런데 이어서 타석에 들어선 타자가 하필 무라카미. 일본에서 홈런왕을 차지했던 그는 WBC 내내 부진을 면치 못했다. 예선전부터 안타 하나 못 치고 낙심하고 덕아웃에 들어오는 무라카미를 독려해주는 오타니의 모습이 여러 번 중계 카메라에 잡히기도 했다. 가장 타격감이 안 좋은 타자가 팀의 운명을 결정지을 차례가 된 것이다.

결과는? 펜스를 맞추는 장타! 2루에 있던 오타니와 1루 주자가 모두 들어오며 일본은 역전승으로 결승에 진출했다.

이 경기 하이라이트에는 3천 개 넘는 댓글이 달렸는데, 국적을 막론하고 이 경기가 인생 경기라고 단언하는 내용이 많다. 충분히 그럴 만한 명

승부였다. 역전에 재역전을 거듭한 흐름도 끝내주고 호수비와 엄청난 타격도 가득하다. 나에겐 9회 말 지고 있던 팀을 일깨운 오타니의 질주와 포효가 최고의 순간이었다.

멕시코를 준결승에서 극적으로 꺾은 일본은 드디어 WBC 결승전을 치른다. 상대는 미국. 경기가 시작되기 전 라커룸에서 오타니는 동료들을 모두 모은다. 그때까지 암묵적으로 수행하던 리더의 역할을 대놓고 확정하는 순간이었다. 겨우 1분 남짓 이야기하는데, 정말 명연설이다. 이로써 오타니는 이도류가 아닌 삼도류가 되었다. 투수 타자에 연설가도 추가.

연설의 제목은 '동경을 멈추자'가 좋겠다. 얼마나 인상적이었는지 우리나라 방송국에서도 앞다투어 영상을 제작했다. 꼭 보시기를.

#17 야구가 승리하던 순간

일본과 미국의 결승전은 이것이 영화라고 쳐도 너무 작위적이라고 욕먹을 정도로 극적이었다. 최고의 흥행 매치업인 두 나라가 기어코 결승에서 딱 만났다는 점부터가 그랬다. 게다가 경기는 큰 점수 차도 아닌 1점 차이로 팽팽하게 진행되었다. 타자로 뛰던 오타니가 경기 후반부터 불펜을 오가며 투구 연습하는 장면이 목격되자, 9회 마무리투수로 그가 올라올 것이 확실해졌다.

메이저리그 최고의 선발투수 중 한 명이고 WBC에서도 선발로만 나섰던 오타니가 마무리투수로 올라오다니! 이것만으로도 볼거리는 충분했다. 그런데 분위기가 묘하게 흘러갔다. 8회 말에 일본 공격이 끝난 상황에서 점수 차이는 3 대 2로 일본이 리드. 9회 초 미국이 점수를 내지 못하면 경기는 일본의 승리로 끝날 예정. 그런데 9회 초 미국의 마지막 공격 타순이…, 제프 맥닐, 무키 베츠, 트라웃? 트라웃!

마이크 트라웃은 2011년 데뷔 이래 10년 동안 메이저리그 최고의 선수였다. 이미 명예의 전당에 입성하고도 남을 기록을 쌓아놨다. 역사상 최고의 타자 10위 안에 든다고 평가하는 사람도 있다. 그가 WBC 미국 대표팀 주장을 맡은 건 너무나도 당연한 일이었다. 그런데 메이저리그에서 트라웃은 오타니와 같은 팀 에인절스 동료다. 늘 같은 편이었지 이렇게 상대편으로 만난 적은 한 번도 없다. 하필 미국과 일본이 붙은 결승전 9회에서 투수와 타자로 서로를 마주한다니! 오타니가 트라웃을 아웃시키면 일본 우승 확정, 트라웃이 홈런을 치면 동점이 된다.

해설자들이 감히 단언한다. 이건 야구 역사상 최고의 순간이다. 전 세계 야구팬들이 꿈꿔왔던 순간이다. 미국 대표팀 주장과 일본 대표팀 주장이 경기 마지막이 될 수 있는 타석에서 타자와 투수로 대결한다! 숨죽이고 지켜보자!

풀카운트까지 승부를 끌고 가면서 오타니는 100마일 이상의 공을 4번이나 던졌다. 문자 그대로 전력을 다했다. 한가운데로 들어오다가 옆으로 휘어버리는 마지막 공(스위퍼)이 일본 대표팀의 우승을 확정 지었다.

이로써 오타니는 개막전 첫 공을 던진 선발투수이자 결승전 마지막 공을 던진 마무리투수가 되었다. 참가한 모든 선수 중에 가장 큰 홈런을 친 타자도, 가장 빠른 공을 던진 투수도, 가장 저돌적으로 달린 주자도 오타니였다. 모두의 예상대로 오타니는 2023년 WBC 대회 MVP가 되었다.

국내외 방송국에서 수많은 뉴스와 하이라이트 영상이 쏟아져 나왔다. 우리나라 방송국에서 만든 3분짜리 하이라이트 영상이다.

WBC를 정리하는 뉴스나 영상 중에 '오타니의, 오타니에 의한, 오타니를 위한 WBC'라는 제목이 종종 보인다. 틀린 말은 아니다. 하지만 2023년 WBC 대회를 정의하는 말은 이게 좋

왼쪽은 오타니의 전담 통역사 이페이.
2023년 WBC 후 오타니와 트라웃.

겠다. 미국 해설자가 오타니와 트라웃의 승부 중에 한 말이 었다.

"오타니와 트라웃, 일본과 미국 중에 누가 이길지 모르겠습니다. 어쨌든 오늘 밤 야구는 승리합니다."

맞다. 그날 밤 진짜 승리자는 야구와 야구팬들이었다.

비록 패자가 되긴 했으나 트라웃 역시 이 순간을 특별하게 생각하는지 기념 카드에 사인을 하고 사진까지 찍었다. 본인 SNS에 이 카드 사진을 올린 걸 보면 진짜 대인배!

오타니와 트라웃이 함께 사인하고 기념 촬영까지 한 듀얼 오토 카드는 딱 3장이 발매되었다. 이 카드가 시장에 나온다면, 경매 시작가부터 1억이 훌쩍 넘을 것이 분명하다. 너무 멀리 있는 카드라 욕심도 나지 않는다. 실물로 구경이라도 한번 해보고 싶을 뿐.

6장
오타니 팬클럽의 영광

지금 시간은 2023년 7월 28일 새벽 4시 40분. 보통 이렇게 이른 새벽에 일어나지는 않지만, 오늘은 특별한 날이다.
전날 경기가 기상 악화로 취소된 후, 오늘 두 경기를 연속으로 치르는 더블 헤더 경기가 편성되었는데 첫 경기 선발투수로 오타니가 긴급 투입된 것이다.
오타니는 111번째 공을 98마일로 던진다. 타자는 배트로 공을 맞히지만, 구위를 이기지 못하고 뜬 공이 외야수에게 잡히면서 경기 종료. 해설자의 흥분한 목소리가 울려 퍼진다. "메이저리그 홈런 1위 타자가 지금 막 완봉승을 거두었습니다! 여러분이 보고 있는 장면은 영화가 아니라 현실입니다!"
이어서 시작된 더블 헤더 두 번째 경기를 본다. 이 새벽에 메이저리그를 봐도 외롭지 않다. 오타니 팬클럽 회원들과 함께 경기를 보고 있으니까. 잠깐만, 지금 막 오타니가 홈런을 쳤다. 꿈인가 현실인가?

"영화보다 더 비현실적인 일이 일어났습니다. 더블 헤더 첫 번째 경기에서 완봉승을 거둔 투수가 두 번째 경기에서 홈런을 쳤습니다! 메이저리그 역사상 최초입니다!"
해설자의 외침과 함께 아침이 밝아온다. 회원들은 모두 신이 났다. 이 위대한 순간을 라이브로 보고 있는 우리가 승자라며 서로를 축하해준다. 흥분이 채 가라앉기도 전, 다음 타석에 들어선 오타니가 또 홈런을 친다. 해설자는 망연자실할 지경이다.
"제가 지금 뭘 보고 있는 거죠? 죄송합니다. 저는 더 이상 할 말이 없습니다."
야구의 역사가 다시 기록된다. 우리가 아는 야구를 부수고 다시 만드는 사나이, 오타니 쇼헤이의 팬클럽 '쇼타임 코리아'를 소개한다.

욕 먹으면 어쩌지?

　살면서 한 번도 팬클럽이나 팬카페에 가입한 적이 없었다. 꼽아보니 스포츠카 동호회, 시나리오 작가 카페, 부동산 카페, 야구 카드 수집 카페에서 활동한 적은 있다. BTS를 그렇게 좋아했으면서도 팬카페에 가입하지는 않았다.
　오타니 덕질이 본격화되었을 때, 늦은 나이에 최초로 팬클럽에 가입하겠구나 싶었다. 그런데 우리나라에 오타니 팬클럽이 없었다! 설마…, 아무리 찾아봐도 없었다. 미국, 남미, 일본, 대만 못지않게 야구를 좋아하는 나라인데도, 메이저리그 최고의 스타 오타니의 팬클럽이 없다는 사실에 충격받았다. 왜일까?
　각종 야구 커뮤니티에서 봤던, 오타니에 대한 우리나라 야구팬들의 다양한 태도를 생각해보았다. 오타니가 일본인이라는 이유로 싫어하는 사람들이 꽤 많았다. 그렇다면 일본 출신 유명인이 우리나라에서 사랑받았던 일은 한 번도 없었나? 곰

오타니의 친필 사인이 있는 검은색 공.
흔치 않은 매물이라 경매 나온 걸 보자마자 바로 질렀다.

곰이 생각해보다가 오래 잊고 있던 이름과 추억이 떠올랐다.
엑스재팬X-Japan.

나이 어린 분들에겐 낯설 수도 있으나 소싯적에 음악 좀 들었다는 중년이라면 엑스재팬을 아는 사람이 꽤 될 테다. 그룹 이름은 몰라도 메가히트곡 '엔드리스 레인Endless Rain' 정도는 들어봤을 수도 있다.

'암 워킹 인 더 레인~' 더없이 느끼하게 시작하는 노래 '엔드리스 레인'은 영어와 일본어가 섞여 있다. 당연히 방송 불가였지만 입소문을 타고 불법복제 레코드와 녹음테이프로 이 노래를 구해 듣는 아이들이 많았다. 나 역시 그중 한 명이었다. 과격한 헤비메탈을 듣다가 문득 이 노래를 듣고, 하지도 않은 사랑과 이별의 감상에 젖어 괜히 눈물짓고는 했다.

학창 시절, 엑스재팬은 멋진 음악을 듣는 기쁨만큼이나 골치 아픈 고민도 안겨주었다. 그 고민은 고등학교 때 한 친구의 핀잔으로 시작되었다.

"들을 게 없어서 쪽바리 새끼들 음악을 듣냐?"

나만큼이나 음악을 좋아하던 녀석이었기에 그런 반응은 뜻밖이었다. 심지어 녀석은 '아이와AIWA'라는 브랜드 이름이 적힌 휴대용 카세트 플레이어를 떡하니 허리춤에 차고 있었다. 나는 이렇게 되물었다.

"일본 워크맨 쓰는 건 괜찮고 일본 노래 듣는 건 안 되냐?"

그때 녀석의 대답에 말문이 막혔다.

"그거랑 그거는 다르지."

그리고 놈은 사라져버렸다. 그냥 듣고 넘겨도 될 법한 이야기였으나 이상하게도 자꾸 귓가를 맴돌았다.

그거랑 그건 다르다. 일본 음악을 듣는 것과 일본 제품을 쓰는 것이 다르다는 말인데, 왜 그런 말을 했는지 대충은 알 것 같았다. 공장에서 찍어내는 물건보다 문화의 일부인 음악이 더 큰 영향을 주기에, 일제 강점기를 겪은 우리나라의 국민으로서 일본 노래를 듣는 건 타당하지 않다는 의미에서 한 말이었겠지.

조금 더 생각해보니 이상했다. 그러면 왜 TV에서는 일본 애니메이션을 틀어주지? 내가 어릴 때 재미있게 본 TV 만화는 전부 일본산이었는데. 엑스재팬의 노래는 어차피 일본어를 모르니 무슨 말인지 알 수 없지만, 우리말로 번역한 일본만화는 그 뜻은 물론이고 주제 의식까지 고스란히 우리에게 흡수되는데? 게다가 〈금각사〉, 〈설국〉 등의 일본소설은 떡하니 학교 도서관에 비치되어 있잖아? 일본의 문화를 다 금지한다면 모를까, 노래만 막는 건 의미가 없다는 생각이 들었다.

결국 친구와 작은 설전을 벌였다. 녀석의 주장은 내가 짐작했던 대로였다. 우리는 서로의 다른 주장만 확인했다. 나는 공장에서 생산한 제품보다 노래의 영향력이 더 크다는 논리도 선뜻 동의하기 어려웠다. 다만, 우리나라 사람이 일본에 갖는 거부감이 선택적이라는 사실은 알게 되었다.

선택적 거부감을 직접 겪은 에피소드가 하나 더 있다. 2000년도에 대학을 졸업하면서 나는 차를 일본 차로 바꾸었다. 영화 〈분노의 질주〉에서 주인공인 '폴 워커'가 타던 차와 같은 모델인 '이클립스'라는 이름의 빨간 스포츠카였는데, 툭하면 테러당했다. 긁어놓는 건 기본이고 누가 유리창에 수정액으로 '쪽바리'라고 낙서해놓은 적도 있었다. 지금처럼 일본 차가 많지 않고 CCTV도 거의 없던 시절의 이야기다. 그러나 그 시절, 일본 게임기는 불티나게 팔렸고 일본 전자제품에 대해서도 아무도 뭐라 하지 않았다. 유독 자동차에 대해서만 잣대가 엄했다.

이런 경험을 하면서 어떤 건 되고 어떤 건 안 되는지 어렴풋이 알게 되었다. 라디오 피디가 된 후에 한 번도 일본 노래를 튼 적이 없다. 비 오는 날에 가장 잘 어울리는 노래 중 하나가 엑스재팬의 '엔드리스 레인'이지만, 단 한 번도 튼 적 없다. 방송에서 들어본 적 없는 걸 보면 다른 피디들도 마찬가지인 듯하다. 일본 노래가 우리나라 방송에서 금지된 건 아니지만,

틀면 욕먹을 것 같으니 다들 안 틀 뿐이다.

일본 야구 선수를 응원하는 일은 어떨까? 공개적으로 하면 욕을 먹을까? 애매했다. 야구 커뮤니티에서도 우리나라 메이저리거들을 놔두고 왜 굳이 일본 선수를 응원하느냐는 비난의 목소리가 있었다. 김연아 선수를 놔두고 아사다 마오를 응원하는 것과 뭐가 다르냐는 글도 봤다. 논리를 떠나 감정적으로 더 이상 참을 수 없었다. 욕먹을까 봐 몰래 응원하기에는 내 마음이 너무 커져버린 것이다.

엑스재팬을 좋아했던 정도를 음식으로 비유하자면, 수많은 음식 중에 젤리 정도라고 할 수 있겠다. 하지만 오타니는 이미 내 인생의 술이 되어버렸다. 평생 젤리를 안 먹고 사는 일은 어렵지 않지만, 단 일주일도 술을 참기는 힘들다. 에라 모르겠다. 나는 오타니 선수 팬클럽을 만들기로 결심했다.

오타니 팬클럽을 만들다

돌아보면 나는 평생 무언가를 만들며 살았다. 수십 권의 소설과 수십 편의 웹툰-웹소설을 썼고 방송 프로그램과 팟캐

스트도 많이 만들었다. 영화 시나리오도 여러 편 썼고 신문 칼럼을 쓴 지도 10년이 넘었다. 장난 삼아 유튜브 채널도 만들어서 구독자를 만 명 정도 채운 적이 있다. 무언가를 새로 만드는 일은 습관처럼 익숙하지만, 팬클럽을 만들어본 적은 한 번도 없었다. 만들기는커녕 앞서 말한 것처럼 팬클럽에 가입해본 적도 없었다.

다만, 내가 진행한 팟캐스트 '씨네타운 나인틴'은 무려 만 명이 넘는 회원들이 활동하는 팬카페가 있다. 나는 팬들의 응원을 받는 입장이긴 했지만, 그래도 팬카페가 어떻게 움직이는지 어렴풋이 기억났다. 그 기억을 토대로 오타니 팬클럽을 구상했다.

메이저리그 정규시즌이 끝난 직후, 2022년 10월 7일에 팬카페를 시작했다. 처음에는 이름이 따로 없이 '1st 오타니 팬클럽'으로 시작했다. 지금은 이것밖에 없지만 나중에 다른 팬클럽들이 생길지도 모르니 최초의 팬클럽임을 강조하고 싶었다. 내 아이디는 '박물관장'.

오타니의 사진과 영상을 공유하고, 새로운 소식을 주고받고, 시시콜콜 수다를 떨고, 연예인으로 치면 굿즈에 해당하는 수집품도 소개하고, 다양한 활동을 위한 메뉴를 갖추었다. 카페를 열면 홍보가 필수라고 하는데 과감하게 홍보를 포기했다. 나를 응원해준 '씨네타운 나인틴' 팬카페도 그랬으니까. 시간이 걸리더라도 외부 홍보 없이 순수한 팬심을 가진 사람들만 알아서 모이는 방법을 따랐다. 그 결과, 팬카페를 개설한 후 몇 달 동안 단 한 명의 회원도 가입하지 않았다. 아….

내가 집에 만들어놓은 오타니 박물관은 그나마 우리 집에 온 손님들이라도 구경하는데, 오타니 팬클럽은 운영자인 내가 유일한 회원인 채로 가을 겨울을 넘겼다. 나 혼자 아무도 안 보는 게시물을 꾸준히 올렸다. 하필 오프 시즌이라 뉴스도 별로 없어서 내 소장품을 소개하는 글이 대부분이었다.

조급하지는 않았다. 오타니를 좋아하고 응원하는 사람들은 많으니 시즌이 시작되면 조금씩 입소문이 날 거라고 예상했다. 그 예상은 보기 좋게, 또 기분 좋게 틀렸다. 시즌이 시작하기 전에 회원들이 모이기 시작했다. WBC 덕분이었다.

2021년 시즌부터 메이저리그의 주인공으로 군림하고 있는 오타니가 WBC에서도 주인공이 될 거라고 예상한 사람은 많았다. 하지만 그가 이 정도로 진심일 거라고 예상한 사람은 별로 없었다. 이번 시즌이 끝나고 FA 계약을 앞두고 있기에, WBC에 너무 힘을 뺐다가 정규시즌을 망쳐버릴 정도로 멍청하지는 않을 거라고 다들 예상한 것이다. 실제로 적지 않은 메이저리거들이 정규시즌을 위한 컨디션 조절에 방해가 된다며 WBC 불참을 선언했다.

사람들의 예상은 틀렸다. 투웨이 플레이어라는 포지션에 걸맞게 오타니는 투수와 타자로 경기에 나섰다. 양쪽 모두에서 가장 열심히 뛰었고 가장 좋은 성적을 거두었다. 평균자책점이 1.86, OPS가 1.345이니 정규시즌이라면 사이영상과 MVP를 동시에 받을 성적이다. 적당히 해도 충분히 이길 수 있었던 예선전에서도 온 힘을 다해 던지고 치고 달렸다. 오타니의 일거수일투족이 뉴스 그 자체였다. WBC 대회에서의 자세한 활약상은 앞에서 썼으니 이만 줄이겠다.

다만 오타니의 한국 팬이 겪은 딜레마에 대해서는 털어놓을까 한다. 일본과 같은 조에 우리나라가 편성되면서 우리나라 대표팀이 오타니를 상대하는 상황이 벌어졌다. 그러자 내가 오타니 팬임을 아는 사람들은 어느 쪽을 응원할 건지 물었다. 나는 한일전에서만 오타니 응원을 참겠다고 말했으나, 오타니가 안타를 때려내는 순간 탄성을 참을 수 없었다. 오타니만 적당히 활약하고 경기는 우리 대표팀이 승리하기를 바랐으나 결과는 참담했다. 우리 팀은 민망해서 보기 힘들 정도의 격차를 드러내며 4 대 13으로 패배했다.

경기가 끝나고 팬들의 비난이 쏟아졌다. 야구 관계자들도 소리 높여 대표팀의 수준 낮은 경기력을 지적했다. 나는 괜히 미안한 기분이 들었다. 왜 미안했을까? 앞에 말했던 '선택적 반일' 혹은 '선택적 불매'의 심리보다 더 설명하기 어려운 감정이었다. 지금도 잘 모르겠다. 앞으로 야구 한일전에 오타니가 안 나왔으면 좋겠다.

성덕의 꿈은 이루어질까?

WBC의 수확 중 하나는 메이저리그에 별 관심이 없던 사람들도 팬으로 만들었다는 것이다. 자국의 대표팀 경기를 보다가 메이저리거들의 활약을 보며 자연스럽게 관심이 생기는 식이었다. 단연코 가장 많은 신규 팬을 모은 선수는 오타니였다. 대회 전에 150만 명이었던 오타니의 인스타그램 팔로워 수는 500만 명을 넘었다.

이런 분위기 속에 운영자만 외롭게 지켜온 한국 오타니 팬카페에도 조금씩 사람들이 찾아오기 시작했다. 대회가 끝날 즈음에는 수십 명의 회원이 활동하는 카페로 성장했다. 그리고 정규시즌을 며칠 앞둔 어느 날, 일본 방송국에서 연락이 왔다. 한국에 오타니 팬클럽 회장으로서 인터뷰를 해달라는 것

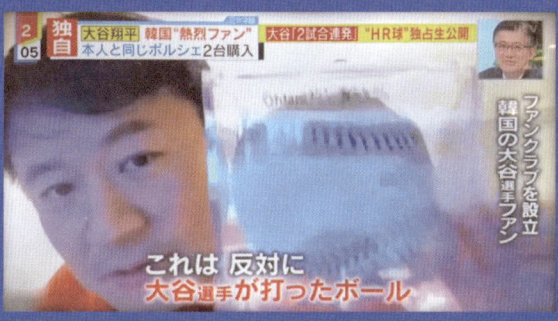

일본 방송에 소개된 내 모습.

이었다. 우리나라 오타니 팬 대표로 연락받다니, 영광이었다. 최대한 성실하게 취재에 응했다.

첫 방송이 나가자 일본의 다른 방송국에서도 줄줄이 연락이 왔다. 요미우리 TV, 아사히 TV, TBS 등등.

나는 오타니 덕후로서의 면모를 아낌없이 보여주었다. 진행자와 패널들은 내 수집품들을 보고 혀를 내둘렀고, 오타니 박물관에 '고독한 오타니 방'이라는 일본스러운 이름도 붙여주었다. 오타니가 광고 모델이었던 타이칸과 실제로 타고 다니는 카이엔을 나란히 주차장에 세워놓은 모습을 보고는 소리를 질렀다.

오타니의 나라 일본에서 한국 대표 팬으로 인정받았으니, 이쯤 되면 성덕(성공한 덕후)일까? 아니다. 성덕이 되려면 덕질을 하는 대상과 직접 만나야 한다. 언제가 될지는 모르겠지만 그날을 기다린다. 5년 후도 좋고 10년 후도 좋고, 오타니가 은퇴한 뒤여도 상관없다. 그의 눈을 보고 말해주고 싶다. 한국에도 당신을 응원하는 사람들이 많다고, 그중에서 내가 제일 열심히 당신을 응원했다고. 그 자리에 우리 회원들과 함께라면 더욱 좋을 것이다.

우리 카페는 시즌 전반기에 회원 100명이 넘었고, 지금 늘어나는 속도를 보면 시즌이 끝나기 전 200명을 훌쩍 넘을 것이다. 카페 가입 신청을 하려면 퀴즈를 풀어야 하는데 오타니 팬이라면 쉬운 문제다. 오타니의 등번호가 아닌 숫자를 고르면 된다. 힌트를 주자면, 오타니는 일본에서 뛸 때 11번을 달았고, 국가대표로 16번, 에인절스에서는 17번을 달고 있다.

나의 하루는 카페에 글을 올리는 일로 시작한다. 양치하면서 새벽에 열렸던 메이저리그 경기들 결과를 훑어보고, 목욕재계한 후 글을 쓴다. 이미 오타니 경기가 끝났으면 리뷰를 하고, 경기 시작 전이라면 관전포인트 위주로 쓴다.

저녁에도 따로 짬을 내어 팬카페에서 시간을 보낸다. 나처럼 오타니에 빠진 사람들이 쓴 글을 읽고 사진과 영상을 감상한다. 카페 회원 중 수집가들이 있어서 서로 수집품을 구경하기도 한다. 방금도 오타니가 신어서 화제가 되었던 뉴발란스 한정판 운동화(Made in USA Season 3 U990TD6)를 막 보고 온 참이다. 어떤 회원님이 운 좋게 구매하신 다음 사진을 올려주셨다.

주말에는 경기를 함께 보며 응원하기도 한다. 오타니가 승리 투수가 되거나 홈런을 치는 날에는 축제 분위기가 된다. 오타니 성적이 부진하거나 슬럼프를 겪을 때면 서로 위로해준다. 상품을 걸고 오타니 경기 성적을 맞추는 이벤트도 있고, 다양한 설문조사도 진행된다. 영어, 일본어를 잘하는 회원들이 현지 뉴스를 번역해 올려주기도 한다. 당연히 정모도 하고 공동구매도 진행하고 오타니의 두 번째 MVP 수상을 축하하는 광고를 지하철에 내기도 했다.

 덕질은 행복이다. 함께 하는 덕질은 더 큰 행복이다. 이대로도 좋지만 나를 포함한 모든 회원은 꿈이 있다. 오타니가 우리의 존재를 알게 되는 것, 그리고 오타니를 직접 만나는 것. 우리의 꿈은 이루어질까?

 한국 오타니 덕후들의 놀이터이자 안식처, '쇼타임 코리아'. 내가 이곳을 만들었다는 사실이 그저 자랑스럽다. 오타니 팬클럽에 영광 있으라!

오타니 팬클럽 쇼타임 코리아에서 낸 지하철 광고 포스터.

7장
단순한 취미 활동으로
얻을 수 없는 보상

최고의 타자 오타니가 타석에 들어선다. 메이저리그 전체 홈런 1위, 장타율도 1위, 타율도 3할대가 넘는다. 오타니를 상대하는 투수는 메이저리거가 된 지 1년밖에 안 되는 앳된 신인. 최근에 하도 많이 얻어맞다 보니 곧 선발투수 라인업에서 빠질 거라는 암울한 전망까지 드리운 선수다.

경기장의 관중도 중계를 보는 시청자들도 오타니의 홈런을 기대한다. 최소한 안타는 칠 거라고 확신하면서 둘의 대결을 본다. 그다지 위력 없어 보이는 공인데 오타니의 배트가 아슬아슬하게 빗나가 헛스윙을 연발한다. 결과는 삼진아웃.

놀라서는 안 된다. 확률적으로 이게 더 개연성 있는 결과다. 오타니는 물론이고 메이저리그에서 가장 타율이 높은 선수도 4할이 되지 않는다. 타석에 들어섰을 때 안타나 홈런을 칠 확률이 절반에 훨씬 못 미친다는 거다.

야구는 실패의 스포츠라고 한다. 기대한

대로 되는 경우보다 실패하는 경우가
더 많다. 그래도 우리는 또 기대하고,
가끔은 간절한 기대가 이뤄지기도 한다.
실패할 확률이 성공할 확률보다 훨씬 더
많기에 성공이 소중하고 짜릿한 것이다.
우리의 인생도 그러하다.

현생이 괴롭다면 한번쯤

인생이 마음대로 풀린다면 야구라는 스포츠는 존재하지 않을 것이다. 덕질이라는 행위도 마찬가지. 현생이 늘 만족스럽다면 뭐 하러 덕질을 하나. 앞으로도 현생은 그다지 만족스럽지 않을 것이기 때문에 덕질의 미래도 밝다. 말장난 같은 소리는 접어두고, 진지하게 덕질의 미래를 생각해본다.

이미 덕후의 숫자는 예전보다 훨씬 많아졌다. 커뮤니티의 숫자만 봐도 알 수 있다. 다음이나 네이버의 동호회 카페는 셀 수 없고, 디시인사이드에도 온갖 분야의 덕후들이 모여 있다. 아예 덕후들만을 위해 만든 커뮤니티 '더쿠the qoo'도 10년 넘게 성업 중이다. 이렇다 보니, 앞에서 유래를 설명했던 '덕후'라는 말의 의미도 바뀌었다. 예전에는 집에만 틀어박혀서 유별난 취미 생활을 하는 사회성이 부족한 사람이라는 부정적 이미지가 강했으나, 요즘은 특정 분야에 몰두해 전문가 이상의 열정과 식견을 가진 사람이라는 긍정적인 의미가 더 커졌다.

19살 소년 오타니가 표지모델로 나온 잡지.

그냥 하는 말이 아니라 포털의 지식백과에 기술된 내용이다.

앞으로도 덕질의 미래는 창창할 것이다. 온라인과 SNS로 쉽게 연결되는 소위 '초연결사회'라는 환경은 덕후들이 함께 뭉칠 수 있는 최적의 조건이 되었다. 우리 사회가 다시 인터넷이 없는 과거로 회귀할 리가 없기에 이 조건은 유지되거나 더 강화될 것이다. 내 경우만 해도, 인터넷이 없었다면 한국에서 오타니 팬클럽을 만드는 일은 꿈도 꾸지 못했을 거다. 이제 핸드폰만 있으면 누구든 덕질을 시작할 수 있는 사회가 되었다.

물적 토대뿐만 아니라 생활상의 변화도 덕질을 더욱 부추긴다. 좀 거창하게 들릴지도 모르지만, 고개를 끄덕이게 될 테니 들어보시라.

인류가 농경사회로 접어든 이후 거의 모든 나라에서 생활 형태의 중심은 '가족'이었다. 남녀가 결혼해서 후손을 낳는 행위는 너무나도 당연하게 여겨져서, 왜 꼭 그래야 하는지 의심당하지 않고 길고 긴 세월이 흘렀다. 결혼하고 자식을 키우는 일은 모든 인간의 권리이자 의무이자 삶의 목적이었고 결혼과 출산을 안 한 사람은 인생의 실패자 혹은 괴짜로 규정짓던 시대도 있었다.

이렇게 온 사회가 똘똘 뭉쳐 결혼을 장려하고 옹호한 이유는 따로 있다. 결혼은 국가 단위 경제에 가장 효율적으로 노동력을 제공하는 시스템이기 때문이다. 요즘 정부가 앞장서서 저출생을 걱정하고 신혼부부를 지원해주는 이유도 그래서이다. 정부가 아기를 좋아하거나 청춘들의 행복한 신혼을 원해서가 결코 아니다.

결혼제도의 이면에 대해 먼저 말했지만, 결혼의 핵심은 어디까지나 남녀(간혹 동성) 간의 사랑이다. 좀 더 엄밀히 말하면 사랑으로 시작되는 관계다. 결혼정보회사를 통한 결혼조차도 회원들이 직접 만나 최소한의 마음이 생기지 않으면 불가능하다. 출산과 육아도 마찬가지다. 국가에 미래의 노동력을 제공하는 행위인 동시에 사랑스러운 내 새끼를 품에 안고 키우는 행복이다. 나의 유전자를 보존하겠다는 숭고한 생존본능의 발로이기도 하다. 죽음이 드리우는 공포와 절망으로부터 그나마 나의 영혼을 지킬 수 있는 미약한 방법이기도 하다.

그런데 결혼제도에 대해 의심하거나 포기하는 젊은 남녀가 늘어나고 있다. 결혼이 싫어서 안 하는 사람도 있고 결혼하고 싶은데 못하는 사람들도 있다. 어느 쪽이든 결과는 같다. 가족이 줄어들고 혼자 사는 1인 가구가 급증했다. 이들은 혼자 벌고 혼자 쓰고 혼자서 많은 시간을 보내게 된다.

문제는 인간이 애착 관계에 익숙해져 있다는 거다. 긴 세월 동안 인간은 가족을 중심으로 애착 관계를 형성해왔다. 그런데 결혼과 출산이 줄어든다고 애착 관계를 맺고 싶은 인간의 본성까지 사라지는 건 아니다. 누군가에게 관심을 쏟고 감정을 의탁하고 싶은 마음은 삶의 형태가 어떠하건 그대로다. 연인이나 친구 혹은 반려동물이 가족의 자리를 대신할 텐데, 덕질도 그에 못지 않은 보완책이 될 수 있다.

특히 덕질의 대상이 사람일 경우 애착 관계와 흡사한 감정적 효과가 생긴다. 좋아하는 아이돌을 누나나 이모 혹은 삼촌의 마음으로 응원하는 팬들이 좋은 예다. 트로트 가수 중에는 어머니 또래의 팬들이 정말 많은데, 자식들이 성장해 출가한 뒤 겪은 빈 둥지 증후군을 덕질을 통해 극복했다고 입을 맞춘 듯 고백한다. 단순한 취미 활동으로는 얻을 수 없는 보상이다.

앞으로의 세상에서 덕질은 더 흔해질 수밖에 없다. 그러니 평소에 관심이 있었던 대상에 너무 깊이 들어가기가 망설여졌던 분들은 눈 딱 감고 뛰어들어보기를.

나 역시 오타니에 대한 감정이 가끔 아들을 대하는 아빠처럼 될 때가 있다. 일본 여행 갔을 때 마주친 오타니 광고판 앞에서 아들을 오타니 앞에 세워놓고 사진을 찍은 적도 있다. 어딘가 둘이 닮은 것 같기도 한데…. 덕심이 이렇게 무섭다.

내친 김에 점쳐보는 오타니의 미래

덕질의 미래는 밝아 보이는데, 오타니의 미래는 어떨까? 미래를 가늠하기 위해서는 과거를 살펴봐야 한다. 메이저리그 데뷔 후 시즌 성적을 간략하게 비교해보자. 타자와 투수를 평가하는 지표들이 많이 있는데, 타자는 홈런, 타율, OPS(출루율+장타율)를 보고 투수는 평균자책점(방어율)과 승패, 소화 이닝, 탈삼진을 보도록 하자.

OPS의 숫자가 감이 잘 안 오는 분들을 위해 쉽게 설명하자면, 부진한 타자와 평범한 타자를 나누는 기준이 0.7 정도 된다. 0.8 이상은 준수한 타자 수준이고 0.8 후반대는 강타자로 인정해준다. 0.9가 넘으면 리그 최고 수준의 강타자로 MVP 후보가 되기도 한다. OPS 1.0이 넘는 경우는 한 시즌에 한두 명 나올까 말까.

출전 경기수도 중요하다. 얼마 뛰지 않은 선수는 아무리 좋은 성적을 내봤자 인정받지 못한다. 그래서 메이저리그는 각종 기록을 인정받기 위한 규정 타석, 규정 이닝이 있다. 타자는 502타석, 투수는 한 시즌 경기 숫자와 같은 162이닝을 소화해야 각종 기록을 인정해준다. 당연히, 타석에 많이 들어서고 많은 이닝을 소화할수록 좋은 선수다.

2018년

타자 : 114경기(326타석), 22홈런, 타율 0.285, OPS 0.925.

투수 : 평균자책점 3.31, 4승 2패, 51.2이닝, 탈삼진 63개.

신인왕을 수상했던 시즌이다. 타자와 투수 모두 규정 타석과 규정 이닝을 채우지 못했지만, 어느 정도의 투타 겸업이 가능하다는 것을 보여준 것만으로도 야구팬들이 받은 충격은 엄청났다.

2019년

타자 : 106경기(384타석), 18홈런, 타율 0.286, OPS 0.848.

팔꿈치 수술을 받고 투수로는 뛰지 못했다. 타자로서도 전체 일정의 3분의 2도 소화하지 못한 아쉬운 시즌이었다. 나쁘지 않은 타율과 OPS를 유지했다는 점이 그나마 다행.

2020년 (코로나로 인한 단축 시즌)

타자 : 46경기(153타석), 7홈런, 타율 0.190, OPS 0.657.

투수로는 1이닝만 던졌고 결과도 처참했다. 60경기짜리 단축 시즌이었음을 감안해도, 성적이 너무 나빴다. 오타니에 대한 기대감이 바닥을 찍었던 시즌.

2021년

타자 : 158경기(537타석), 46홈런, 타율 0.257, OPS 0.964.
투수 : 평균자책점 3.18, 9승 2패, 130이닝, 탈삼진 156개.

출전 경기 수가 대폭 늘어나 타자로서는 규정 타석을 거뜬히 채웠다. 46개의 홈런으로 리그 홈런 3위를 차지할 정도로 압도적인 타자로 활약했다. 타자 성적만으로 MVP 후보가 될 정도. 투수로서도 믿어지지 않을 만큼 발전해 팀의 에이스로서 거의 모든 투수 지표 1위를 찍었다. 만장일치로 MVP를 수상했다.

많은 이들이 야구 역사상 한 선수가 보낼 수 있는 최고의 시즌이라고 평가했으며, 오타니 포함 그 누구도 다시 이 정도 성적을 보여주는 건 불가능할 거라는 예측이 지배적이었다.

2022년

타자 : 157경기(586타석), 34홈런, 타율 0.273, OPS 0.875.
투수 : 평균자책점 2.33, 15승 9패, 166이닝, 탈삼진 219개.

투수 역량이 비약적으로 발전한 해였다. 이전 시즌에는 팀의 굳건한 에이스 역할을 해냈다면 이 시즌에는 메이저리그 전체에서 최상급이라고 할 만했다. 최고의 투수에게 주는 사이영상 투표에서 4위. 타자로서는 홈런 수가 줄고 타율이 올라가면서 리그 TOP10 수준을 유지했다.

사람들을 가장 놀라게 한 점은 규정 타석과 규정 이닝을 모두 채웠다는 것이다. 당연히 메이저리그 최초의 기록. 투웨이 플레이어라는 오타니의 본질에 가장 충실한 시즌이라는 의미에서 오히려 2021년 시즌보다 2022년 시즌을 더 높게 평가하는 전문가들도 꽤 있다. 한 선수의 전체적인 성적을 아우르는 지표인 WAR(Wins Above Replacement, 대체 선수 승리 기여도)도 이전 시즌보다 오히려 더 늘었다.

어느 시즌에 갖다 놓더라도 MVP를 받을 성적이지만 MVP 득표 2위에 그쳤다. 하필 그해 62개 홈런을 때려내면서 한 시즌 최다 홈런 개수를 경신한 애런 저지가 같은 아메리칸 리그에 있었다.

역시 많은 이들이 예상했다. 오타니를 포함해 그 누구도 다시 이 정도 성적을 보여주는 건 불가능할 거라고.

2023년

타자 : 135경기(497타석), 44홈런, 타율 0.304, OPS 1.066.

투수 : 평균자책점 3.14, 10승 5패, 132이닝, 탈삼진 167개.

2022년 시즌이 마무리되었을 때, 야구 커뮤니티에는 행복한 상상 글이 종종 올라왔다. 2021년의 타타니와 2022년의 투타니가 결합한다면 이견 없이 야구 역사상 가장 위대한 시즌이 될 거라고. 2023년 오타니는 그런 일이 실제로 일어날 수 있음을 보여주었다.

2023년의 타타니는 2021년 타타니보다 더 위력적이었고 투타니 역시 시즌 후반에 팔꿈치 인대를 다치기 전까지는 사이영상 후보 5인에 너끈히 들어가며 2022년 못지않은 성적을 보여주었다.

지난 시즌 메이저리그 역대 최초로 10승 30홈런 기록(15승 34승)을 세운 오타니는 이번 시즌에 그 기록을 깨고 10승 40홈런 기록(10승 44홈런)을 세웠다. 거기에 20개가 넘는 도루까지 추가하면서 40-20-10이라는, 오타니가 나타나기 전까지 그 어떤 야구관계자도 상상하지 못했던 성적을 기록했다.

오타니는 모두가 불가능하다고 여겼던 도전을 성공시켰

다. 그런 시즌을 또 만들어내는 일은 불가능하다고 여겼던 사람들의 예상을 연거푸 무너뜨리며 오히려 투웨이 플레이어로서 점점 더 진화하는 모습을 보여주고 있다. 2021년 이후 오타니의 성취는 야구 역사상 그 어떤 선수의 3년 기간과 비교해도 압도적으로 위대하다. 이제 오타니의 미래에 남은 논쟁은 단 하나다.

'오타니는 야구의 고트(GOAT, the Greatest of all time)인가?'

답은 정해져 있다. 오타니 팬인 나조차도 이렇게 답할 거다. 아직은 아니라고.

육상 달리기 종목은 정해진 거리를 얼마나 빨리 뛰느냐는 기록으로 모든 선수를 이견 없이 줄 세울 수 있다. 제일 기록이 좋은 사람이 고트이고, 그 이름은 우사인 볼트다. 그러나 야구를 비롯한 많은 종목에서 고트는 치열하고 복잡한 논쟁을 부르는 주제다.

축구의 고트는 펠레에서 메시로 넘어간 듯하다. 농구의 고트는 오래전부터 마이클 조던. 야구의 고트는 100년 넘게 베이브 루스였다. 윌리 메이스가 베이브 루스보다 낫다는 의견도 꽤 있는데, 나도 두 선수 기록을 보면 볼수록 그 의견에 동의하게 된다. 다만, 상징성까지 고려하면 야구의 고트는 여전히 베이브 루스라고 생각한다.

고트로 인정받으려면 어떤 조건을 충족시켜야 할까? 스포츠 기자들은 다른 선수들이 범접할 수 없는 압도적인(dominant) 시즌이 중요하다고 말한다. 일단 여기서 99퍼센트 이상 선수들은 탈락이다. 그런데 스포츠 기자들이 고트 증명서를 발급해주는 게 아니라 팬들의 인정이 필요하므로 인기와 지명도도 필요하다. 이건 잘하기만 해서 되는 게 아니다. 성적은 좋은데 팬들을 열광시키지 못하는 선수들도 있으니까. 조용한 강자는 고트 후보가 되기 어렵다. 그리고 이런 기량과 인기를 오랜 기간 유지해야 한다. 한 시즌, 혹은 서너 시즌 압도적인 성적을 찍고 엄청난 인기를 누린다고 해도 누적 기록이 받쳐주지 않으면 고트가 될 수는 없다.

압도적인 시즌. 인기와 지명도. 누적 기록. 이런 조건들을 모두 최상급으로 충족한 고트급 선수들이 여럿이라면? 시각에 따라 이견이 생길 때는 어떻게 가릴까? 앞에서 베이브 루스와 윌리 메이스의 예를 들면서 베이브 루스가 갖는 상징성이 비교 우위를 가진다고 했다. 루스는 안타 위주였던 기존의 야구를 홈런을 포함한 장타가 주도하는 현대 야구로 바꾸어놓음으로써 홈런의 상징이 되었다. 실제로는 베이브 루스보다 더 많은 홈런을 친 선수가 여럿 있지만, 여전히 홈런왕이라는 표현이 베이브 루스와 제일 잘 어울리는 이유다.

여기에 더해 수상 실적도 중요하다. 무관의 제왕은 동정할 때 쓰는 표현이지 고트에게 쓰는 표현은 아니다. 특히 축구의 발롱도르, 야구의 MVP, 프로리그 저변이 넓지 않은 종목에서는 올림픽 금메달이나 세계선수권 대회 등 해당 종목에서 최고의 선수에게 주는 상을 몇 번이나 수상했느냐가 매우 중요하다.

마지막으로 우승컵. 누적 기록으로 능력을 평가하기 힘든 골프나 테니스 같은 경우는 메이저 대회 수상 경력이 제일 중요하다. 몇 개의 대회를 묶어 모두 우승하면 그랜드슬램이라고 부르기도 한다. 축구에서도 실력이나 기록 면으로는 고트의 자격이 충분했던 메시가 늘 의심의 눈초리를 받았던 이유가 월드컵 우승이 없어서였다. 하지만 2022년 카타르 월드컵에서 팀 아르헨티나가 우승하던 순간, 그는 개운하게 고트가 되었다. 물론 호날두의 일부 팬들은 호날두가 고트이며, 그렇지 않다고 해도 메시보다는 펠레가 고트라고 주장하기도 하지만.

수영 황제로 불리는 마이클 펠프스의 경우는 예외로 언급할 만하다. 육상과 마찬가지로 수영도 정해진 거리를 가장 빨리 들어오는 순서대로 우열이 가려지므로 최고 기록이 깨질 때마다 고트의 자리도 계승된다. 하지만 펠프스는 수상 실적이 상상을 초월하는 수준이어서 기록이 깨지더라도(이미 몇 부문의 기록은 깨졌다) 오랜 세월 고트로 군림할 확률이 높다.

펠프스는 올림픽에서 금메달 23개 포함 28개의 메달을 따고, 세계선수권에서 금메달 27개 포함 34개의 메달을 땄다. 단체전을 제외한 개인 종목만 해도 13개의 올림픽 금메달이 있다. 이 숫자는 전 종목을 다 합쳐 최고 기록이며 심지어 고대 올림픽까지 거슬러 올라가도 최고 기록이라고 한다. 펠프스 직전 기록이 로도스의 레오니다스Leonidas of Rhodes라는 사람이 딴 12개인데, 기원전 152년의 기록이라고 한다. 기원전의 메달 숫자를 IOC가 알고 있다는 사실도 신기할 따름.

그렇다면 오타니는 얼마나 더 지금의 기량을 유지해야 고트가 될 수 있을까? 이미 오타니가 고트급으로 인정받은 조건들을 보자.

압도적인 시즌은 벌써 세 번이나 보여줬다. 모두가 불가능하다고 여긴 한계를 깨뜨리고, 자신이 만든 천장을 또 뚫고 올라가는 모습은 소위 '실링'에 대한 논쟁을 일찌감치 잠재워버렸다. 인기와 지명도 면에서도 최고의 스타로 올라섰다. 수집품 경매가나 하이라이트 영상 조회수만 봐도 다른 선수들과 격차가 아득하다. 상징성도 완벽하다. 루스가 영원한 홈런왕이라면 오타니는 야구 그 자체다. 야구 역사상 오타니처럼 모든 플레이를 이 정도로 잘했던 선수는 없었으니까. 진정한 완전체라는 표현이 현지 방송에서 종종 나오는 이유다.

수상 실적은 걱정할 필요 없다. 일본 리그에서 투수 3관왕을 휩쓸고 MVP를 받았고 WBC에서도 MVP를 받았다. 메이저리그에서도 이미 신인왕과 MVP를 모두 받았고, 이번 시즌에도 만장일치로 MVP를 받아 역사상 최초의 2회 만장일치 MVP가 됐다. ESPN에서 뽑는 최고의 스포츠 선수, 메이저리그 올해의 선수상, 이달의 선수상, 실버슬러거 등등 자잘한(?) 상은 너무 많이 받았고, 최고의 투수에게 주는 사이영상까지 받는다면 더할 나위 없을 것이다. 아, 공로상은 최연소 나이로 미리 받았다.

오타니가 아직 부족한 조건들도 있다. 아직 20대의 젊은 선수인 만큼 누적은 한참 모자란다. 10년쯤 뒤 은퇴할 시점에 최종 누적 기록이 어떨지가 몹시 궁금하다. 타자로 300홈런은 거뜬해 보이고 400홈런은 가능해 보이고 500홈런은 어려워 보인다. 투수로 80승은 거뜬해 보이고 90승은 가능해 보이고 100승은 어려워 보인다. 일본에서 거둔 성적은 논외로 하고 말이다. 최종 누적 기록이 400홈런 90승이라면 어떻게 평가될까? 참고로 우리나라 메이저리거 중 타자로 가장 좋은 성적을 거둔 추신수의 최종 기록이 218홈런이고, 투수 류현진이 37세 시즌을 맞이하는 지금 80승을 거두었다.

현재까지는 우승이라는 조건이 제일 큰 걸림돌로 보인다. 오타니는 2016년 니혼햄 파이터스 소속으로 일본 시리즈 우승을 차지한 적 있다. 국가대표로는 올해 WBC에서 사무라이 재팬을 이끌고 우승을 차지했다. 하지만 가장 중요한 메이저리그 월드시리즈는 근처에 가본 적도 없다. 오타니의 소속팀인 에인절스는 오타니가 입단한 이래 월드시리즈 우승은커녕 포스트시즌에 진출한 적도 없다.

월드시리즈 우승을 위해서는 올 시즌 이후 FA로 팀을 옮기는 편이 나을 것이다. 팬으로서 간절히 바라고 있다. 만약 새로운 팀으로 이적한 뒤 월드시리즈에서 우승한다면, 오타니는 메이저리그와 해외리그(일본), 국제대회(WBC)에서 모두 우승하고 MVP를 받은 유일한 선수가 된다.

훗날 오타니가 우승도 경험하고 커리어 통산 500홈런 100승을 거두면 베이브 루스를 밀어내고 이견 없는 고트가 될 것이다. 400홈런 100승이나 500홈런 90승 정도도 베이브 루스의 아성에 도전할 법하다. 400홈런 90승 정도라면 반반으로 의견이 갈릴 것이다. 그 정도 누적 기록을 못 쌓는다고 해도, 지금의 기량을 서너 시즌만 더 유지하면 고트급 선수로 인

내가 고트가 될 상인가? 오타니의 유일무이함은 카드에서도 보인다. 마운드의 지배자(MOUND MASTERY)라고 해놓고 떡하니 타자 사진을 실었다. 카드에 글자를 파고 실착 유니폼 조각을 삽입하는 제작 방식은 트리플 쓰레드(TRIPLE THREADS) 카드의 특징이다. 3장 한정 카드로 POP 수는 1.

정받을 가능성은 매우 커 보인다. 축구로 치면 마라도나와 호날두, 농구의 르브론 제임스나 스테판 커리처럼 말이다.

우리 함께 계속 행복하기를

그렇다면 오타니의 미래를 위협하는 장애물은 없는 것일까? 메이저리그의 실제 사례를 살펴보자.

먼저 약물이나 알코올. 오타니와 함께 메이저리그의 미래를 책임져줄 슈퍼스타로 손꼽혔던 타티스 주니어(샌디에이고)는 지난겨울 금지약물을 복용한 사실이 적발되어 곤욕을 치렀다. 무려 80경기 출장정지라는 중징계를 받았는데, 지금도 경기장에 그가 나오면 관중들의 야유 소리가 들리기도 한다. 금지약물 복용은 커리어 전반을 부정당할 수도 있는 심각한 일탈이다. 이번 시즌, 20년 만에 퍼펙트게임을 달성한 뉴욕 양키스의 투수 도밍고 헤르만은 알코올 중독으로 고꾸라졌다. 구단에서 직접 나서 선발출전을 막고 재활원에 보내버린 초유의 사태가 벌어졌다.

나쁜 행실로 커리어를 망치는 선수들도 있다. 사이영상까지 받은 다저스의 에이스 바우어는 데이트 폭력으로 징계받은 후 반성하는 모습이 보이지 않자 아예 지난 시즌에 방출되어버렸다. 다른 구단에서도 받아주지 않자, 지금 그는 일본 리그에서 선수 생활을 이어가고 있다. 21세기 최고의 유격수로 기대를 모으던 겨우 스물한 살의 완더 프랑코는 이번 시즌에 미성년자와 성추문이 터지며 퇴출되고 1억 8천만 달러 계약도 날려버렸다.

류현진의 옛 동료였고 우리나라에서도 뛴 적이 있어 야구 팬들에게 친숙한 푸이그도 행실 때문에 커리어를 망친 케이스. 미국에서는 속도위반 혐의로 여러 번 체포되었고 우리나라에 와서는 불법 스포츠 도박을 한 일이 뒤늦게 드러났다. 호기심에서 몇 번 수준이 아니라 불법 베팅 횟수가 무려 899건. 거기에 수사 단계에서 허위 진술 혐의까지 더해지면서 결국 KBO에서도 재계약이 무산되고 우리나라를 떠났다.

멀리 갈 거 없다. 코리안 리거 강정호도 자기관리 실패로 메이저리그 생활을 접은 케이스다. KBO만 해도 운동 외적인 일로 문제를 일으킨 선수가 한둘인가. 음주, 폭행, 도박…. 코로나 시국에 원정 숙소 호텔 방에 여자들을 불러 술을 먹다가 걸리고 방역 당국의 역학조사에 거짓말까지 하다가 걸린 선수들도 있었다. 이번 2023년 시즌에도 한 선수가 미성년자 성착취물까지 만들었다가 방출된 일이 있다.

오타니는 자기 관리의 끝판왕급이다. 야구를 할 때는 정신적 육체적으로 최상의 상태를 유지하는 일에 강박적이며 야구 외 사생활에서도 위험 요소는 없어 보인다. 이는 주변 동료들의 증언으로 확인된다. 라커룸을 같이 쓰고 원정을 다니는 팀 동료들은 물론이고, 오프 시즌에 오타니를 밖에서 만난 사람들도 오타니의 자기관리 능력에 대해 입을 모아 칭찬한다. 일본 〈네일리스포츠〉에 실린 럭비 국가대표 히메노 선수의 일화다.

"오타니는 신이죠. 저랑 동갑 친구인데 하루 종일 야구만 생각하고 있어요. 대단하죠. 저는 그렇게까지는 못해요. 오타니랑 저녁을 같이 먹은 적이 있는데, 럭비 선수들은 어떤 훈련을 하냐고 계속 물어보더라고요. 오타니는 식사 내내 운동에 관련된 이야기만 하면서 무알코올 음료를 마셨어요. 자기 관리 얘기를 하면서도 하이볼을 마시고 있는 제 모습이 부끄러웠어요."

하이볼 정도는 괜찮지 않나 싶은데…. 하여튼 오타니의 자기 관리는 걱정할 필요가 없을 듯하다. 반대로 야구선수로서 그의 의욕과 책임감이 너무 강해서 걱정이다. 위에 적은 시즌별 출장 기록을 보면 알 텐데, 2021년 시즌부터 오타니의 일정은 따라 할 엄두조차 내지 못할 정도로 가혹하다.

선발투수로 정규 로테이션을 돌면서 타자로 거의 모든 경기에 다 출전한다. 선발투수로 던지는 날에도 당연히 지명타자로 타석에 선다. 사람의 몸으로 감당이 될까 싶은 수준. 상위 1퍼센트의 체력을 자랑하는 메이저리거들도 오타니가 해내고 있는 일들은 비현실적이라고 감탄한다. 그만큼 오타니는 과부하를 견디는 중이다.

그렇다. 오타니가 고트가 되는 데 가장 큰 위협이자 어쩌면 유일한 위협은 부상이다. 본인도 그걸 알고 있는 듯하다. 인터뷰를 보면 '건강하게 시즌을 마치는 게 목표'라는 말을 강박적으로 되풀이한다. 이미 2년이라는 아까운 세월을 부상으로 날려버린 경험이 있다.

그리고 이번 시즌도 마무리를 한 달 반 남긴 시점에서 팔꿈치 인대 부상이 발견되어 투수 등판은 일찍 접고 타자로만 시즌을 마무리했다. 어떤 식으로 치료할지 아직 결정되지 않았는데, 2024년에는 투수로는 나오지 못할 가능성이 크고, 그 후년에 다시 마운드에 오를 것으로 예상된다.

이번에도 되돌이표처럼 이런 말들이 나온다. 이제 투수 타자 둘 중 하나만 선택해야 한다고. 인간의 육체가 버틸 수 있는 한계가 와버렸다고. 나는 더 이상 그런 목소리에 동조하지 않을 것이다. 오타니가 어떤 결정을 내리든 지지하고 응원할 것이다. 어떤 결정을 내릴지 대충 짐작은 가는데…. 일단 FA 시장에서 어떤 팀을 선택할지 꿀잼 스토브 리그부터 구경해야지.

오타니 박물관에는 뜯지 않은 카드 박스도 많이 있다. 특히 2018년 루키 시즌의 탑스 크롬, 바우만 크롬 박스는 백만 원을 훌쩍 넘는다. 안에 친필 사인 카드가 두어 장씩 들어 있는데, 그 주인공이 오타니일 수도 있다! 이런 고가의 박스에서 나오는 오타니 오토 카드는 차 한 대 값을 넘어가는 경우도 있다.

종종 근거 없는 확신에 사로잡힌다. 이 안에 오타니 오토 카드가 들어 있을 거라고. 그럴 때마다 뜯어보고 싶은 욕망이 치밀어 오르지만, 나는 앞으로도 박스를 뜯지 않을 생각이다. 언제가 될지는 모르겠으나 오타니를 직접 만나는 날, 박스 위에 사인을 받아볼까 생각 중이다. 친필 사인 카드가 들어 있을 가능성을 친필 사인으로 봉인해버린 기묘한 소장품을 만들어볼까 한다.

고대 그리스 신화부터 정립된 영웅의 전형은 운명과 한계에 도전해 싸우다가 결국 비극적인 최후를 맞이하는 사람이다. 이런 식의 영웅은 책이나 영화에서 본 걸로 충분하다. 나는 오타니가 불꽃처럼 타올랐다가 금방 사라지기보다는, 야구를 사랑하는 야구소년으로 오래오래 행복하게 뛰었으면 좋겠

왼쪽은 2018 루키 시즌에 나온 TOPPS CHROME 박스, 오른쪽은 BOWMAN CHROME 박스. 가운데는 2022년 FIRE 박스. 모두 뜯지 않은(factory sealed) 상태다.

다. 고트가 되지 않아도 좋고 놀라운 기록을 더 이상 만들어내지 않아도 좋다. 우리 팬클럽 회원들의 마음도 비슷하다. 결국 우리가 하고 싶은 말은….

　오타니! 우린 늘 너의 편이야. 앞으로도 덕질할게!

부록1.

야구 카드 수집

Q&A

해마다 경매 관련 뉴스들이 나오는데, 올 2023년 가장 흥미로운 소식은 이거였다. 2007년에 출시된 1세대 아이폰이 2억 원 넘는 가격에 낙찰되었다는 뉴스. 포장을 뜯지 않은 박스 상태였고 정확한 가격은 19만 372.80달러, 우리 돈으로는 2억 4천만 원. 판매 당시의 300배가 넘는 가격에 되팔린 셈이다.
예술품도 아니고 구하기 힘들었던 물건도 아니고 한정판도 아닌데, 그저 샀던 상태 그대로 보관한 것만으로 수억 원의 가치가 생긴 것이다. 그러나 2007년에 판매되었던 상품들 모두가 미사용이라는 이유만으로 이런 가치를 유지할 리는 없다. 이를테면 2007년에 생산된 노트북 중에서는 박스를 뜯지 않았어도 경매에 내놓을 제품 자체가 없을 테다. 2007년에 생산된 자동차 중에서도 지금 2억 4천만 원의 가치를 유지하는 차는 몇 대 없다. 운행하지 않고 차고에 그대로 넣어두었다 해도 말이다.
그렇다면 왜 1세대 아이폰은 이렇게 비싸졌을까? 유물론적 관점에서 일종의 혁명이었던 '최초의 스마트폰'이라는 의미 덕분이다. 그놈의 의미!
물건의 의미를 찾고 지키는 과정. 내 나름으로 정립한 수집의 철학이다. 여기에 투자의 개념과 심미적 만족감도 더해진다. 이런 다양한 가치를 어느 정도로 배분하느냐가 수집가들마다 각자의 수집 방향을 결정한다. 이런 고민이 없으면 헛돈만 쓰게 된다. 이 챕터에서는 이제 막 수집을 취미로 시작했거나, 수집에 관심이 생긴 사람들이 제일 많이 하는 질문들을 정리해보았다.

Q. 직접 받은 사인은 얼마나 가치가 있나요?

A. 잘라 말해, 별 가치가 없다. 스포츠 카드는 제작 단계에서 오토 카드임이 명시되어 나온다. 먼저 정식 제품을 보자. 'TOPPS CERTIFIED AUTOGRAPH ISSUE.' 이런 식의 보증 문구가 없는 카드는 오토 카드가 아니라고 보면 된다.

경기장이나 팬미팅 행사에서 선수를 만나 직접 카드에 사인을 받는 분들이 많은데, 소중한 추억은 될지언정 시장 가격을 제대로 받을 수는 없다. 간혹 개인적으로 사인받은 카드를 전문 업체에 보내 인증서를 받기도 하는데, 그나마 일정 수준의 가격으로 거래는 가능하다. 물론 정식 오토 카드에 비하면 훨씬 저렴한 가격이다.

사진 속에 빨간색 원으로 표시한 부분이 정식 제품임을 알려준다. 'TOPPS CERTIFIED AUTOGRAPH ISSUE'. 이 카드는 다이컷DIE-CUT이라고 부르는 변형 카드인데 직사각형이 아니라 모서리 두 개가 불에 탄 것처럼 절단되어 나왔다. 용암이 흐르는 리플랙터 효과 때문에 이름도 lava refractor. 50장 한정 발매된 카드 중 두 번째로 좋은 등급이다.

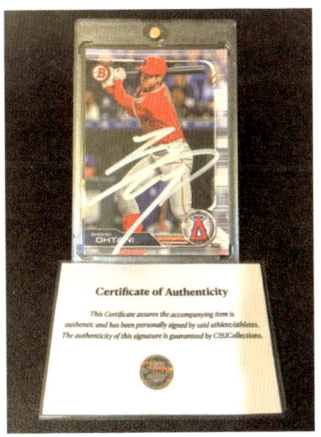 

개인적으로 사인받은 카드를 인증업체에 보내 보증서를 받은 경우. 정식 오토 카드에 비해 가격이 훨씬 저렴하지만, 최소한의 가치는 인정받는다. (출처: 이베이)

개인적으로 사인받은 카드를 등급 업체에 보내 인증받고 케이싱까지 한 경우에는 좀 더 높은 가격을 받을 수 있다. 물론 정식 오토 카드와 차이는 크다. (출처: 이베이)

판매자가 개인적으로 인증받은 친필 사인 포토. 우리 박물관에서 유일하게 공식 인증이 없는 소장품들인데, 이런 지식이 없을 때 싼 맛에 혹해 지른 것들이다. 물론 사진 자체는 아주 마음에 들어 자주 꺼내 보곤 한다. 사진 오른쪽 아래에 붙은 스티커가 사설 업체의 친필 인증 스티커.

그렇다면 야구공이나 유니폼은 어떨까? 메이저리그 사무국에서 인증을 해주는 경우와 그렇지 않은 경우로 나뉜다. 당연히 전자가 훨씬 더 가치와 가격을 인정받는다. 공식 제품을 확인하는 방법은 간단하다. 메이저리그 사무국의 홀로그램이 붙어 있는데, 이 홀로그램으로 데이터베이스에 접속하면 사인을 한 선수와 날짜까지 기록된 인증서를 볼 수 있다.

개인적으로 사인받은 공은 어떨까? 스포츠 카드와 마찬가지로 시장에서 가치를 인정받을 수 없다. 판매자 본인이 사인해놓고 선수한테 사인을 받았다고 거짓말하면 그만이니까. 이 역시 사설 업체에서라도 인증을 받으면 좀 낫다.

사인볼이 아닌 실제 경기 사용구(Game used ball)도 마찬가지다. 우리 박물관에 오타니가 실제 경기에서 던진 공과 때린 공이 있는데, 모두 메이저리그 사무국의 인증 홀로그램이 붙어 있다. 홀로그램으로 사무국 데이터베이스에 접속하면 이런 인증서가 나온다. 해당 공이 사용되었던 경기 상황, 투수와 타자 이름까지 정확하게 기록되어 있다.

사설 업체의 인증서가 있어도 정식 사인볼과 가격 차이는 크다. (출처: 이베이)

공에 붙은 홀로그램 접속으로, 2021년 8월 13일 LA 에인절스와 휴스턴 애스트로스의 경기 1회 말에서 휴스턴 선발 잭 그레인키가 던지고 오타니가 때린 공임을 알 수 있다. 영상을 찾아보면 이 장면이다.

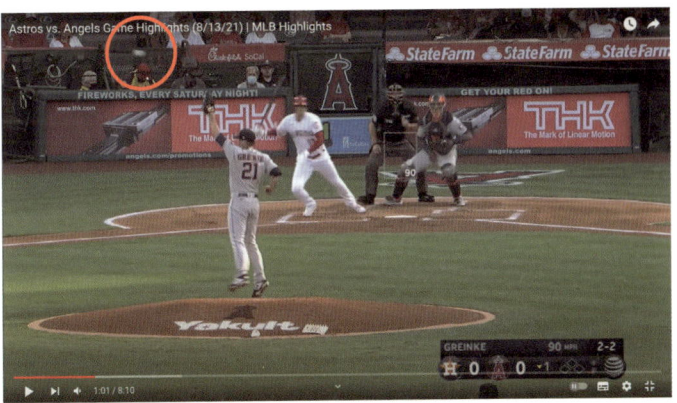

이 공을 수집한 또 다른 이유는 그레인키 때문. 1983년생으로 메이저리그 최고령 현역 중 한 명인 그는 20년 넘게 투수로 뛰면서 사이영-골드글러브-실버슬러거 3개 상을 모두 받은 역대 3명 중 한 명이다. 무려 천 명 넘는 타자들에게 3천 개 삼진을 잡았고, 220승을 넘게 기록했다. 엉뚱한 말과 행동을 곧잘 하는 기인으로도 유명한데, 유희관(전 두산베어스 투수, 별명이 느림의 미학이었다)이 울고 갈 시속 80킬로미터 아리랑 볼을 던지기도 하고 경기 중에 마운드 옆에 양반다리를 하고 쉰 적도 있다. 나중에 잭 그레인키와 오타니가 모두 명예의 전당에 입성하면, 이 공의 의미는 더욱 각별해질 거다.

유니폼 역시 메이저리그 사무국 홀로그램 유무가 중요하다. 사진도 마찬가지다. 공식 인증 홀로그램이 붙어있는 제품의 가격은 백만 원을 넘나들지만, 개인적으로 인증서를 받은 사진의 가격은 10분의 1도 안 될 때가 많다.

물론 좋아하는 선수에게 직접 사인받는 경험의 가치는 수백 수천만 원의 돈보다 더 소중할지도 모른다. 나 역시 오타니를 직접 만나 사인을 받는다면, 비싼 가격을 치른 공식 인증 제품의 사인보다 더 아낄 것 같다.

Q. 오토 카드 사인은 왜 다 파란색 잉크일까요?

A. 파란색 말고 다른 색의 잉크를 쓰기도 한다. 물론 오토 카드 대부분은 파란색 잉크를 쓴다. 다른 색을 전부 합쳐봐야 1퍼센트도 안 될 듯.

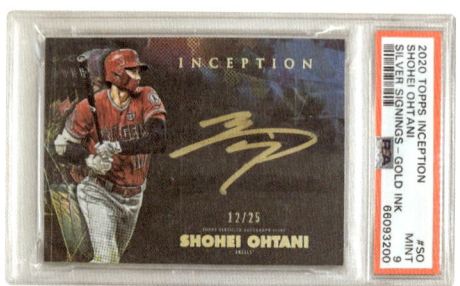

위는 금색 잉크 친필 사인이 들어간 카드. 25장 한정. 꽤 오래 눈독 들였는데 이베이에 좀처럼 나오지 않아 1년 넘게 기다리다가 어렵게 구한 기억이 있다.

오른쪽은 빨간 잉그 친필 사인이 들어간 카드. 사인 형태가 달라진 것을 볼 수 있다. 2022년부터 모양을 바꿔서 요즘도 이렇게 사인을 하고 있다. 개인적으로 예전 사인이 더 마음에 드는데.

내가 아는 한 유일한 녹색 잉크 사인. 메이저리그 라이선스는 없지만 꾸준히 다양한 종목의 스포츠 카드를 발매하는 'ONYX'라는 업체에서 만든 카드다. 라이선스가 없다 보니 팀명이 지워져 있음에도 불구하고, 모든 색깔의 친필 사인을 다 모으겠다는 일념으로 구했다. 50장 한정이며 PSA 10점은 POP1, 내 카드가 유일하다!

Q. 어떤 카드가 비싼 카드일까요?

A. 초보자들에겐 막막하겠지만, 사실 그렇게 어렵지 않은 질문이다. 스포츠 카드의 가격을 결정하는 요소는 대여섯 가지밖에 없기 때문이다. 게다가 너무 당연한 것들.

일단, 선수의 실력과 인기가 중요하다. 실력이 아무리 뛰어나도 스타성이 없다면 카드값은 오르지 않는다. 반대로, 실력에 비해 인기가 많은 경우에는 세월이 흘러 선수가 은퇴하고 나면 금방 카드값이 하락한다. 오타니는 실력과 인기, 둘 모두에서 최상급인 예가 되겠다. 높은 가격이 계속 유지될 조건을 갖춘 것이다.

언제 발매되었느냐도 중요하다. 보통은 루키 시즌에 발매된 카드들이 그 이후의 카드들보다 더 비싸다. 1952년에 발매된 미키 맨틀 루키 카드는 100억이 넘는 가격에 팔리기도 했다. 하지만 요즘 나오는 미키 맨틀의 카드는? 장당 만 원도 하지 않는다.

카드의 종류도 중요하다. 100년을 넘나드는 옛날 카드라면 모르겠지만, 21세기 이후의 선수라면 'BOWMAN 1st' 'BOWMAN CHROME' 'TOPPS CHROME' 등등 유명한 박스에서 나오는 카드들이 가장 비싼 가격대를 형성하고 있다. 그 중에서도 친필 사인이 들어간 오토 카드가 제일 비싸고, 리프랙터 효과가 있거나 유니폼 등의 용품이 들어가 렐릭(패치) 카드도 일반 카드보다는 비싸다.

발행량도 가격에 큰 영향을 미친다. 특히 처음부터 한정수가 들어가 있는 카드들은 수집가들의 욕구를 자극한다. 카드 표면에 1/10, 1/50, 1/200 등등 표시가 있어 금방 알 수 있다. 한정수가 따로 없더라도 발행량이 적은 카드를 SP$_{short\ print}$, 극도로 적은 카드를 SSP$_{super\ short\ print}$로 구분하는데 이런 카드들은 당연히 일반 카드보다 더 비싸다. 등급을 받은 경우는 팝(population) 수가 적을수록 비싸다. 아래 카드를 보자.

 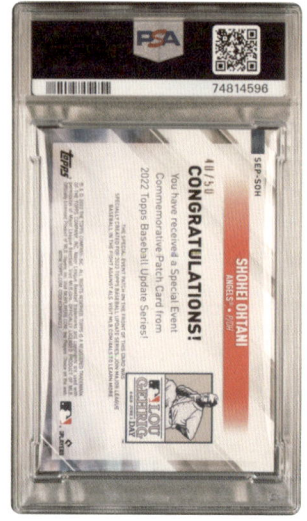

카드에 담긴 오타니의 수많은 모습 중에 삼진을 잡고 포효하는 장면을 제일 좋아한다. 바로 그 모습과 루게릭 데이 패치가 들어 있다. 로카드를 구해 등급을 보냈는데 8점을 받고 돌아왔다. 카드 뒷면에 50장 한정 (40/50) 수가 표시되어 있지만, 루키 시즌도 아니고 오토 카드도 아니고 이 정도 등급으로는 별 가치가 없다. 하지만 POP 수를 보자.

8점 등급이 이 카드뿐이고 더 높은 등급의 카드는 없음(pop higher 0)을 알 수 있다. 등급 카드 중에 이 카드가 가장 높은 등급이라는 뜻이다. 물론 다른 등급 업체에서 높은 등급을 받은 카드가 있을지도 모르지만, 1위 업체인 PSA POP 수가 카드 가치에 영향을 주는 요소인 것은 분명하다.

화려한 디자인으로 유명한 FIRE 박스에서 랜덤으로 나오는 'Flame thrower' 포일 카드 세 종류. 카드 이름이 '화염을 던지는 자들'. 이름에 걸맞게 불꽃 묘사가 대단히 실감 나는 명작이다. 한정 카드가 아님에도 절단면 품질이 극악이라 높은 등급의 POP 수가 적다.

카드의 상태도 가격의 결정요소다. 등급 카드는 점수가 곧 상태를 말해주지만, 등급을 받지 않은 로카드는 사진으로 카드 상태를 판별하기 어렵다. 그러므로 초보자일수록 등급 카드를 사는 편이 더 안전하다. 다만, 너무 비싼 가격에 사지 않기 위해서 조언을 구하는 것이 좋다. 이런저런 이유에서, 수집을 취미로 하려면 동호회 가입은 필수.

위에서 말한 조건들을 다 충족시키는 카드. 2018년 루키 시즌에 9장 한정으로 발매되었으며 PSA 10점을 받았다. 친필 사인과 실착 유니폼 조각이 모두 들어가 있다. POP 수는 2! 내가 부르는 게 값이지만 팔 생각은 없다. 발행량이 한 장인 1/1 카드도 몇 장 있는데, 경매에 부치면 이 카드가 더 비쌀 듯.

Q. 어떤 카드가 좋은 카드일까요?

A. 카드의 가격을 결정짓는 요소는 위에서 충분히 말한 것 같다. 하지만 비싼 음식이 맛있는 음식이 아니듯, 카드 역시 가격과 만족감이 정확히 일치하지는 않는다. 게다가 비싼 카드를 산다고 투자 측면에서 유리한 것도 아니다. 투자의 기본은 싸

게 사서 비싸게 파는 것이니까. 무성의한 대답처럼 느껴질 수도 있지만, 결국 내 마음에 드는 카드가 좋은 카드다.

스포츠 카드를 수집하는 이유는 여러 가지일 테다. 선수에 대한 팬심, 투자 및 자산 가치, 보는 즐거움, 모으는 행위 자체의 즐거움 등등. 사람마다 각각의 비중이 다를 테다. 어떤 카드가 좋은 카드일지 궁금해진다면 내가 카드를 모으는 이유부터 생각해보자. 그 이유를 충족하면 된다. 연애 상대가 그러하듯, 내 마음에 드는 카드가 좋은 카드다.

도루에 성공한 후 환하게 웃고, 이를 악물고 던져 스트라이크를 잡고, 복어처럼 기합을 잔뜩 넣고 홈런을 치고, 오타니의 다양한 표정이 담긴 카드들. 수많은 야구선수 중에 오직 오타니만이 투수, 타자, 주자의 모습을 모두 카드에 담아낼 수 있다.

부록2.

오타니
박물관의

소장품들

오타니로 인해 내 삶은 더 다채로워지고 풍요로워졌다. 본문에서 미처 다 소개하지 못한 소장품 중 몇 가지를 엄선하여 연대순으로 소개해본다.

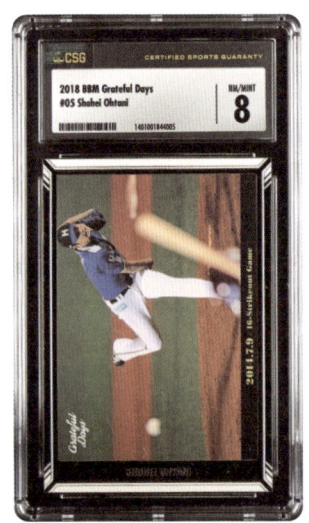

한 경기 16 탈삼진 기록을 기념하는 카드. 메이저리그에 넘어온 뒤 오타니의 최다 탈삼진 기록은 13개.

일본 리그 다승왕과 평균자책점 1위를 동시에 달성했던 2015년 기록을 기념하는 카드. 확실히 일본에서는 타자보다 투수로서 성적이 더 좋았다.

오타니의 2015년 일본 퍼시픽리그(일본은 퍼시픽리그와 센트럴리그로 나눠져있다) 투수 3관왕(다승, 승률, 평균자책점) 달성 기념구.

정규시즌 마지막 경기에 선발투수로 등판해 9이닝을 완봉하면서, 단 1개의 안타와 볼넷만 허용하고 15개의 삼진을 잡고 환호하는 모습. 그야말로 완벽투였다.

일본 시리즈 우승 기념 카드. 입단 4년도 안 되어 개인으로도 팀으로도 최고의 자리까지 정복하는 순간. 알다시피, 메이저리그 소속팀인 에인절스는 오타니 입단 후 월드시리즈 우승은커녕 포스트시즌에 나간 적도 없다.

일본에서의 마지막 경기를 기념하는 야구 카드. 2피안타 10탈삼진 완봉승이라는 경기 내용도 충격적이지만 10등신쯤 되어 보이는 신체 비율도 충격적이다.

일본 리그 은퇴 기자회견 장면. 외모가 전성기를 달릴 때, 야구선수의 은퇴식인지 연예인 은퇴식인지 헷갈린다.

메이저리그 입단식 이벤트를 담은 카드. 왼쪽은 2017년에 '탑스 나우', 오른쪽은 2018년에 '스타디움 클럽' 시리즈로 발매되었다.

메이저 첫 안타를 기념하는 카드. 의미가 특별한데도 워낙 발매량이 많아서 최고 등급 카드를 200달러 안팎의 가격에 구할 수 있다. 등급 없는 로카드는 더 저렴하다.

오타니의 메이저리그 첫 승을 기념하는 카드. 이렇게 일본어로 나오는 카드들도 간혹 있다.

2018년 역사적인 메이저리그 첫 홈런을 기념하는 오토 카드.

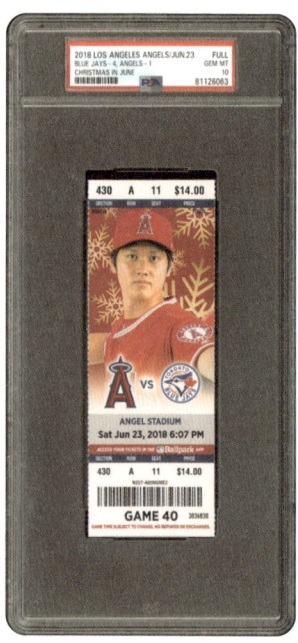
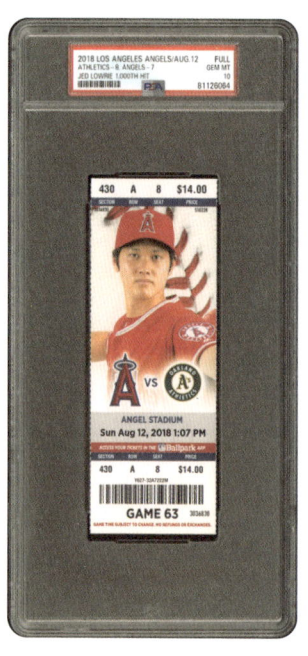
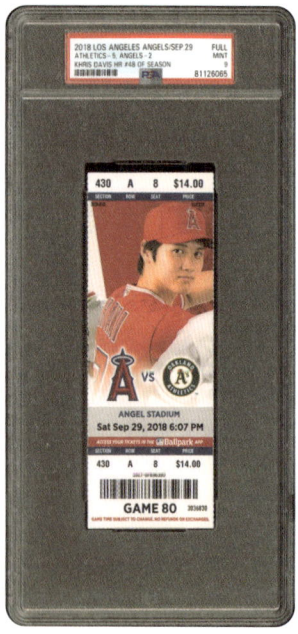

경기장 티켓도 등급을 받을 수 있다. 다양한 모습이 인쇄된 오타니 데뷔 시즌 티켓들.

오타니가 선발투수로 나섰던 첫 경기의 경기장 흙을 담은 크리스탈 볼. 역시 한정 수집품이며 메이저리그 사무국의 인증 홀로그램이 붙어 있다.

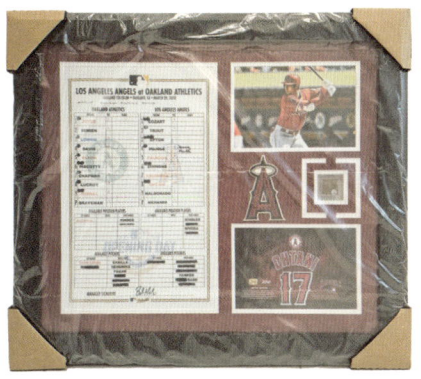

첫 선발출전 경기를 기념하는 250개 한정 제작 액자. 당시 로스터 복사본이 붙어 있다. 트라웃이 2번, 타자로만 출전한 오타니는 8번.
액자 안에는 그날 경기장의 흙이 홀로그램 인증 스티커와 함께 담겨 있다. 비닐을 뜯지 않은 상태로 보관 중이라 화질이 선명치 않다.

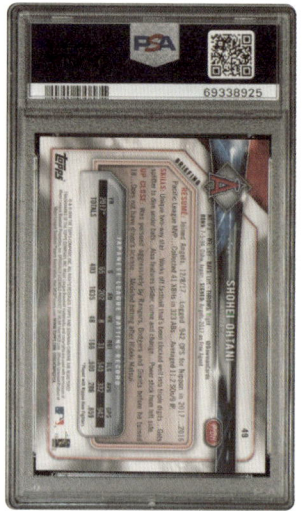

2018 BOWMAN

SHOHEI OHTANI #49

POPULATION	POP W/ QUAL	POP HIGHER
6,996	0	0

POP 수가 무려 6996. 내 카드가 6,996번째로 젬민트 등급을 받았다는 뜻이다. 그 아래 등급의 카드, 등급을 받지 않은 로카드들까지 합치면 발행량은 수만 장에 달할 것이다. 주식 처음 하는 사람이 삼성전자 1주를 산 격이랄까. 그런데도 젬민트 기준 200불이 훌쩍 넘는다.

신인상 수상식의 오타니를 담은 오버사이즈 카드(49장 한정). 오른쪽이 일반 크기의 카드. 오버사이즈도 등급을 받을 수 있는데, 등급 케이스가 별로 예쁘지 않아서 그냥 비닐을 씌워 소장 중이다. 오버사이즈 카드는 감상용으로는 좋은데 투자용으로는 선호되지 않는다.

신인상(Rookie of the year) 수상을 기념하는 카드도 여럿 나왔다. 왼쪽 리프랙터 카드는 화려한 색감이, 오른쪽 카드는 흑백의 중후한 느낌이 좋다.

소장 중인 몇 안 되는 파니니 카드 중 하나. 모자와 유니폼에 팀 로고가 지워져 있다.
유니폼이나 야구공 혹은 배트 조각을 넣은 카드는 흔해도 타자 글러브 조각을 넣은 카드는 매우 드문데다 딱 한 장만 제작된 1/1 카드라서 거금을 주고 구매했다.

2021년 TOPPS에서 발행한 PROJECT 70 시리즈. 왼쪽 타자 버전은 99장 한정 발매. 그래서 수천 장이 발매된 오른쪽 투수 버전보다 수십 배 더 비싸다. 매물이 거의 나오지 않아, 난이도로 치면 오타니 카드 중에 가장 구하기 어려운 축에 든다.

빛을 받으면 공을 잡은 손 부분이 붉게 빛나는 포일 카드. 강속구(파이어볼)를 던지는 오타니의 이미지와 잘 어울려서 즐겨 보는 소장품이다. 70장 한정 발매.

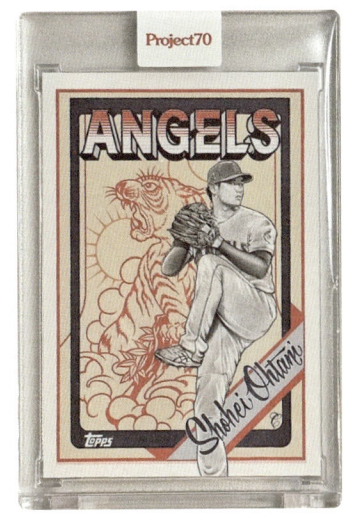

왼쪽은 빛의 방향에 따라 색이 달라지는 포일 오토 카드. 10장 한정 발매. 오른쪽은 같은 디자인의 일반 카드. 가격 차이는 수백 배.

한 장에 투수 타자 오타니가 모두 들어 있는 카드들도 있다. 가장 오른쪽은 영화 '매트릭스'를 패러디한 70장 한정 포일 카드.

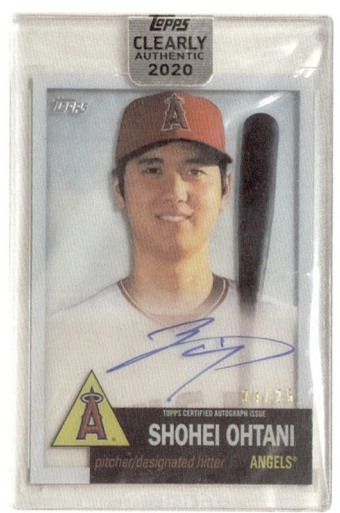

2020년에 발매된 오토 카드. 25장 한정이며 카드 재질이 종이가 아니라 투명 플라스틱이라 뒷배경이 비친다. 거듭되는 부진으로 오타니 카드 가격이 제일 하락했던 시기이기도 하다.

오타니의 2021년 홈런 더비 참가 기념 친필 사인볼. 이런 사인볼은 메이저리그 사무국 인증 홀로그램의 유무에 따라 가치와 가격이 완전히 달라진다.

2020년에 발매된 1/1 오토 렐릭 카드. 카드를 찍어내는 원판을 카드처럼 판매하기도 하는데, 이런 카드를 프린팅 플레이트라고 부른다. 프린팅 플레이트는 당연히 한 장밖에 없으며 사진에서 보듯 무채색이다. 등급 점수가 안 좋은데 (어차피 한 장밖에 없으니 더 높은 등급 카드도 없다) 프린팅 플레이트를 꼭 갖고 싶어 수집했다.

2021년 크리스마스 시즌을 맞아 월마트에서만 판매한 카드. 오타니가 직접 입었던 유니폼 조각을 눈사람 상체에 넣은 디자인이다. 로카드는 많이 보이는데 등급 카드는 POP 수가 2, 더 높은 등급이 4장밖에 없는 레어 아이템.

트리플 쓰레드(TRIPLE THREADS) 카드 두 장을 나란히 놓아보았다.

공로상 수상을 기념하는 카드. 10장 한정 카드를 노려봤는데 매물이 없어서 일반 카드로 구했다. POP 수는 45장. 카드 뒷면에 수상 당시 경기장 전광판이 보인다.

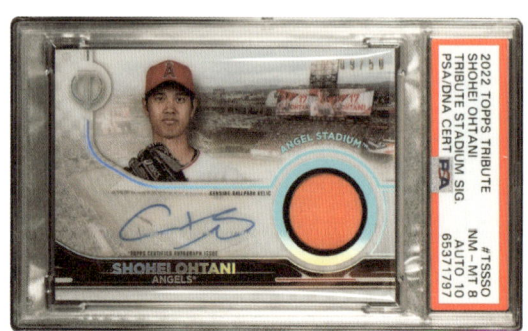

에인절스 홈구장 의자를 뜯어 넣은 이 카드는 50장 한정 발매되었다. PSA 카드 등급은 8점, 따로 받은 오토 등급은 10점. 가끔 경기를 볼 때 모니터 앞에 놔두면 기분이 묘하다. 저 경기장에 있던 의자 조각이 여기 있구나….